Hanna Dietz

AF217501

EINFACH MAL SO TUN,
ALS OB
DAS LEBEN
EINFACH WÄRE

Hanna Dietz

EINFACH MAL SO TUN,
ALS OB
DAS LEBEN
EINFACH WÄRE

Wie sich dein Leben verbessert,
wenn du endlich mal entspannst

mvgverlag

Bibliografische Information der Deutschen Nationalbibliothek
Die Deutsche Nationalbibliothek verzeichnet diese Publikation in der Deutschen Nationalbibliografie. Detaillierte bibliografische Daten sind im Internet über http://dnb.d-nb.de abrufbar.

Für Fragen und Anregungen
info@mvg-verlag.de

Originalausgabe
2. Auflage 2020
© 2019 by mvg Verlag, ein Imprint der Münchner Verlagsgruppe GmbH
Nymphenburger Straße 86
D-80636 München
Tel.: 089 651285-0
Fax: 089 652096

Neuausgabe des 2018 bei mvg erschienen Titels »Fake it«

Redaktion: Manuela Kahle
Umschlaggestaltung: Manuela Amode
Umschlagabbildung: shutterstock.com/Darth_Vector
Satz: Carsten Klein, Torgau
Druck: CPI books GmbH, Leck
Printed in Germany

ISBN Print 978-3-7474-0126-2
ISBN E-Book (PDF) 978-3-96121-483-9
ISBN E-Book (EPUB, Mobi) 978-3-96121-484-6

Weitere Informationen zum Verlag finden Sie unter

www.mvg-verlag.de
Beachten Sie auch unsere weiteren Verlage unter www.m-vg.de

Inhalt

Einleitung

Männer sind Meister der Täuschung, Frauen Meisterinnen der Enttäuschung. Denn während Männer gern mal vor Selbstüberschätzung strotzen, neigen wir Frauen dazu, uns deutlich unter Wert zu verkaufen. Mehr noch: Frauen gehen regelrecht mit ihren Selbstzweifeln hausieren, als wären wir trübsinnige Staubsauger-Vertreter kurz vor der Entlassung. Das einzige prekäre Geheimnis, das eine Frau imstande ist, selbst unter CIA-Folter nicht zu verraten, ist ihr wahres Gewicht. Aber den ganzen Rest an selbstdiffamierenden Informationen plappern wir frei von der Leber weg. Ob wir verdutzte Zufallsbekannten ungefragt über aktuelle Frisurenprobleme aufklären (als Rechtfertigung für die Mütze bei leichtem Frühlingswetter), oder beim Anblick von Fotos in geselliger Runde am lautesten »Oh Gott, wie seh ich denn aus? Gebt mir den Gnadenschuss Botox!« schreien. Ob wir einräumen, nicht die *ganze* Weisheit mit Löffeln gefressen zu haben, bevor wir dem Chef Rapport abstatten, oder als Gastgeberinnen offenbaren, dass wir bei der Bratensoße nicht ganz sicher seien, ob die gelungen sei, aber es sollten doch alle mal probieren und hier ist noch Salz und Pfeffer und auch …

hüstel … Ketchup, nur für den Fall. Von dem ganzen Diät-Quatsch und Schönheitswahn, mit dem wir Frauen uns das Leben schwer machen, ganz zu schweigen.

Und obwohl wir für Haushalt und Familie ackern wie die Pferde, braucht man sich nur die Gehälter und die Verteilung der Chefposten ansehen, dann weiß man Bescheid: Nein, Frauen sind nicht so erfolgreich wie Männer.

Und warum?

Nicht, weil wir an uns zweifeln.

Sondern, weil wir *andere in unsere Zweifel einweihen.*

Dieses Buch zeigt, in welche Fallen wir Frauen mit unserem blind vorauseilendem Gehorsam, unserem automatischen Rechtfertigungsdrang, der Harmoniesucht und unserer Neigung zu selbstzerstörerischer Wahrheit tappen. Und wie wir durch geschickte Täuschungsmanöver besser durchs Leben kommen. Und damit meine ich nicht, sein Profil bei Instagram mit gephotoshopten Selfies zu pimpen oder irgendwelchen Facebook-Freunden virtuelles Glück vorzutäuschen, sondern das echte Leben. Das Leben, in dem man anderen Leute von Angesicht zu Angesicht gegenübertreten und mit ihnen reden muss.

In diesem Buch geht es nicht darum, ein besserer Mensch zu werden. Eine Frau zu werden, die 100 Prozent an sich selbst glaubt, in jeder Situation eine superschlagfertige Antwort parat hat und sich nichts bieten lässt. Denn sowas kann kein Ratgeber der Welt erreichen! Die Sache ist die: Wenn du es nicht bist, dann bist du es nicht.

Aber du kannst trotzdem etwas tun.

Du kannst so tun, als ob.

- Einfach mal so tun, als ob du Ahnung hast.
- Einfach mal so tun, als hättest du keine Angst vor Konflikten.
- Einfach mal so tun, als ob du nicht den geringsten Zweifel hast.
- Einfach mal so tun, als gingen dich Probleme anderer nichts an.
- Einfach mal so tun, als fändest du dich wunderschön.
- Einfach mal so tun, als hättest du den Fleck nicht gesehen.
- Einfach mal so tun, als wäre das Leben einfach …

Besser wird's nicht

Paarundvierzig und immer noch Probleme

Da denkt man, im nicht mehr ganz so zarten Alter von paarundvierzig hätte man all die blödsinnigen Selbstzweifel und den Selbstoptimierungwahnsinn erfolgreich hinter sich gelassen, mit dem sich Frauen gern mal die erste Lebenshälfte versauen, und wäre endgültig bei seinem Lieblings-Ich angekommen. Bei dem Ich, das man schon immer sein wollte. An dem es im Großen und Ganzen nichts mehr auszusetzen gibt. Aber dann wird man auf einmal aus seinen Träumen gerissen und muss feststellen: Nur, weil man auf einige berufliche Erfolge zurückblicken kann, ein Reihenhaus samt Familie sein Eigen nennt und zudem endlich eingesehen hat, dass man nie mehr in eine Hose ~~mit Größe 38~~ mit Größe 40 passen wird (ganz ehrlich? 42 wäre schon ein Wunder!), heißt das noch lange nicht, dass man keine Probleme mehr hat.

Ich habe definitiv jede Menge Probleme. Das wurde mir klar, als ich den Hörer aufgelegt hatte und einen Moment in dem wunderlichen Schwebezustand zwischen Lachanfall und Heulkrampf schwebte. Ich starrte das Telefon an, als ob es mir sagen könnte, in welche Richtung meine Stimmung jetzt schlagen sollte.

»Was ist?«, fragte Anja, die gerade in unser Büro gekommen war.

»Ich habe eine Einladung zu einer Lesung bekommen«, sagte ich, und dann prustete ein Lachen aus mir raus, das mehr ein Bersten war.

»Das scheint ja wirklich eine tolle Einladung zu sein«, grinste Anja. »Glückwunsch, freut mich für dich!«

Ich wischte eine Träne aus dem Augenwinkel und japste: »Nee, wenn du mir gratulieren kannst, dann zum schlechtesten Verkaufs-gespräch aller Zeiten.«

Das Telefonat mit dem Veranstaltungsleiter vom Schlosshotel Kreiming war nämlich folgendermaßen verlaufen. Der Veranstal-tungsleiter sagte, wie interessant und lustig er meinen Sachbuch-Bestseller finde und wie toll eine Lesung in das Kulturprogramm des Schlosshotels passen würde. Ich sagte ihm, wie sehr ich mich über die Einladung freuen würde. Verhängnisvollerweise hörte ich dann nicht auf zu reden. Verhängnisvollerweise quasselte ich weiter. Und dann fielen plötzlich von meiner Seite folgende Sätze: »Allerdings muss ich dazu sagen, dass ich kein Comedian bin.«

(Abgesehen davon, dass es eine offensichtliche Tatsache ist, da ich ja als Journalistin und Autorin arbeite und nicht als Comedian, hat der gute Mann das überhaupt nicht wissen wollen. Und ich weiß auch gar nicht, wie ich darauf gekommen bin.)

»Und man müsste ja schon ein bisschen was um den Text herum-schmücken.«

(Wurde niemals gefragt oder gefordert.)

»Ist ja kein Roman, den man so hintereinander weg lesen kann.«

(Da der Mann wegen des Sachbuchs angerufen hat, könnte man vermuten, dass er das wusste.)

»Am besten wäre so ein ganzes Comedy-Programm für einen Abend.«

(Man stelle sich vor, ein Maler würde sagen: »Anstatt Ihnen nur die Wand da zu streichen, renoviere ich besser die ganze Bude für den gleichen Preis.«)

»Aber, wie gesagt, ich bin ja kein Comedian. Also weiß ich überhaupt nicht, ob das was bringt.« Ich lachte, um ihn zur Gegenrede zu animieren. Dann fiel mir auf, dass auch dem Mann die Argumente ausgegangen zu sein schienen, warum die Lesung eine gute Idee war. Plötzlich dämmerte mir, dass ich dabei war, mich um Kopf und Kragen zu reden. Ich stellte nicht nur mein Licht unter den Scheffel, sondern war dabei, es gleich höchstselbst auszupusten! Das wollte ich natürlich nicht so stehen lassen. Ich musste den negativen Eindruck wettmachen. Ich musste ihn davon überzeugen, dass er recht gehabt hatte, mich zu einer Lesung einzuladen. Und zwar sehr schnell! Bevor der Mann merkte, dass er es mit einer kolossalen Stümperin zu tun hatte. Also beendete ich meine autoaggressive Rede und fügte triumphierend den Satz hinzu: »Aber lesen kann ich!«

Erstaunlicherweise brach der Mann nicht in Jubel aus. Er gratulierte mir auch nicht zu meinen herausragenden Fähigkeiten. Nein. Er sagte: »Ich melde mich wieder.« Und legte auf.

Als ich es zwischen weiteren Lachanfällen geschafft hatte, das Anja zu erzählen, lachte auch sie aus vollem Hals. Dazu muss ich sagen: Anja ist nicht nur meine Kollegin, sondern auch eine meiner besten Freundinnen. Sie ist supernett, lustig, zuverlässig und total süß mit ihrer Unsicherheit und manchmal auch Naivität. Was ich ja wirklich sympathisch finde. Und das nicht nur, weil ich mich in ihrem Beisein mit meinen ganzen Macken irgendwie wohler fühle. (Wenn man mal ehrlich ist, hält man sich doch am liebsten in Gruppen auf, in denen eine Person dabei ist, die dicker ist oder noch weniger Ahnung hat als man selbst.)

Wir lachten immer noch, als Schlips-Dirk reinkam. Schlips-Dirk ist auch freier Mitarbeiter bei dem Lokalfernsehen, für das ich als Reporterin arbeite. Seit er *Suits* guckt, macht er einen auf Harvey Specter. Allerdings sind seine Anzüge ganz sicher nicht vom Maßschneider. Und er selbst sieht auch kein bisschen specter-kulär aus, da kann er sich noch so viel Gel in die Haare schmieren. »Was ist denn hier los?«, fragte er. »Habt ihr schon wieder zu viel Kräutertee getrunken?«

Noch bevor ich was sagen konnte, platzte es schon aus Anja heraus: »Nein. Hanna hat sich gerade selbst um einen tollen Auftrag gebracht.«

Und dann musste ich mir das Ganze nochmal aus ihrem Mund anhören, und ich brauchte noch nicht mal Schlips-Dirks hämisches Grinsen zu sehen, um das Ausmaß meines Versagens zu begreifen. Jede Heiterkeit verschwand und ich blickte in das schwarze Loch meiner eigenen Dämlichkeit, das sich scheinbar endlos vor mir ausbreitete. (Wenn ich überhaupt in etwas gut bin, dann in Selbstgeißelung. Wenn es darum geht, mich selbst für meine Fehler fertig zu machen, bin ich ausdauernder als ein fanatischer Mönch im Mittelalter. Nur gut, dass heutzutage Neunschwänzige Katzen nicht mehr so angesagt sind wie damals.)

Ich war noch völlig von der Rolle, als wir zur Redaktionskonferenz stiefelten, auf der die Aufträge des Tages vergeben werden. Auf die heutige Konferenz war ich sehr gespannt, weil Matt Damon zu einer Kinopremiere nach Köln kam. Er war nicht nur Hauptdarsteller, sondern hatte auch das Drehbuch selbst geschrieben. Als weltgrößter Hollywood-Fan musste ich da natürlich hin. Normalerweise läuft die Redaktionskonferenz so ab, dass die Chefin die wichtigsten Termine aufzählt, dann nach weiteren Themen fragt und entscheidet, was von wem gemacht wird. Aber die Chefin saß kaum auf ihrem Platz und nahm einen Schluck aus ihrer *Ich möchte einmal mit Profis arbeiten*-Tasse, da posaunte Schlips-Dirk schon: »Ich mache die Kinopremiere. Es geht ja in dem Film um eine Firma, die gegen Umweltschützer kämpft. Das ist genau mein Thema. Ich habe mit den Vorfällen im Hambacher Forst, über die ich berichtet habe, einen super Aufhänger.«

Diese Erklärung war natürlich völlig unsinnig, aber Schlips-Dirk guckte so zufrieden, als wäre damit eindeutig bewiesen, dass es keine andere Lösung gäbe. Anja schaute mich erschrocken an. Sie wusste, wie gern ich über die Premiere berichten wollte. Wir hatten seit Tagen von kaum was anderem gesprochen. Die Chefin setzte die Tasse ab und nickte schon fast, aber sie hatte noch Keks im Mund, weswegen mir der Bruchteil einer Sekunde blieb, um dazwischen zu gehen, bevor sie Schlips-Dirk den Auftrag zusprach.

»Aber ich wollte doch eigentlich die Premiere machen«, rief ich und fand selbst, dass ich weinerlich klang (lag vielleicht daran, dass ich eben so viel gelacht hatte, dass ich jetzt heiser war). Ich räusperte mich und fügte hinzu: »Ich dachte, das wäre klar gewesen. Ich meine, ich hab doch auch schon vor Wochen wegen des Interview-Termins angefragt.«

»Hast du einen Termin bekommen?«, fragte mich Schlips-Dirk ungerührt. Dieser Arsch. Das wusste er doch genau.

»Nein, das nicht«, beeilte ich mich zu sagen, »aber das war ja auch nur deswegen, weil da schon so viele andere gefragt hatten, die wichtiger sind als wir, also für den Filmbetrieb, meine ich. Und normalerweise machen wir ja bei so Premierenfeiern nur das Drumherum, die wartenden Fans und die Stimmung auf dem roten Teppich, und ich will ja jetzt nicht sagen, dass ich das immer mache, aber eigentlich ist das doch eher mein Gebiet. So die bunten Sachen.«

»Ich habe einen Ansatz, der zeigt, dass wir nicht nur eine unwichtige Lokalredaktion sind, wie Hanna es nennt«, sagte Schlips-Dirk. Dieser Oberarsch. Das hatte ich auch gar nicht gesagt. Oder doch?

»Okay«, sagte die Chefin. »Dirk, du machst die Premiere. Und Hanna, für dich habe ich auch was Passendes.« Und dann reichte sie mir die Unterlagen zu einem internationalen Dermatologen-Kongress.

Ich schlich in mein Büro, starrte trübsinnig auf das gähnend langweilige Programm der Hautärzte und dachte auf einmal: Das bin ich? Wirklich? Eine Frau, die sich eine schöne Lesung mit einer schwachsinnigen Verkaufsstrategie verbockt, sich Matt Damon vor der Nase wegschnappen und sich stattdessen einen *Dermatologen-Kongress* aufbrummen lässt? Und die jetzt ernsthaft darüber nachdachte, inwiefern ein Dermatologen-Kongress *»für mich passend«* war. Weil ich immer so rot werde? Oder weil »hektische Flecken« mein zweiter Vorname ist? Oder habe ich gar noch andere Hautprobleme, von denen ich nichts weiß?

Elternabend des Grauens

Das nächste Erlebnis, das mir klarmachte, dass in Sachen »Lieblings-Ich« doch noch ganz viel Luft nach oben ist, geschah am nächsten Tag. Genauer gesagt: am Elternabend. Bei jedem Elternabend gibt es ja diesen einen furchterregenden Moment, an dem die Zeit stehen zu bleiben scheint. Und ich meine damit nicht den Moment, in dem

Lauras Mama anfängt, über die verschiedenen Nahrungsmittelinto-
leranzen ihrer Tochter und die daraus resultierenden Verdauungsbe-
schwerden zu referieren. Auch das Gemecker über die unmögliche
Lautstärke in der Hausaufgabenzeit (ausgerechnet von den Eltern
der größten Störenfriede) ist nicht der Gipfel des Schreckens. Nein.
Der gruseligste Moment, bei dem die Hände feucht werden und
die Augen schreckgeweitet starren wie sonst nur beim Auftauchen
des Zombie-Eisdrachens vor den Toren von Königsmund, kommt
gleich nach der Begrüßung. Wenn der Lehrer nämlich die Frage in
die Runde schmettert: »Wer schreibt das Protokoll?«

Das Dumme ist, dass ich jedes Mal wieder von der Frage überrumpelt werde. Irgendwie scheint es da bei mir einen körpereigenen
Verdrängungsmechanismus zu geben, ähnlich dem, der dafür sorgt,
dass man sich nicht mehr an die Schmerzen der Geburt erinnert.

Jedenfalls legt sich bei mir regelmäßig der gnädige Schleier des
Vergessens über die Protokollsache, weswegen ich völlig unvorberei-
tet in die Falle tappe. Und dann steht diese Frage im Raum und fun-
kelt mich an wie besagter Zombie-Eisdrache, bevor er seinen tod-
bringenden Odem spuckt. Ich halte die Luft an und bete, dass der
Eisdrache mich übersieht. Glotze auf den Boden. Der Lehrer fängt
an, die Sätze herunterzuleiern, die sich wie ein frostiger Lufthauch
verbreiten. »Einer muss es ja tun. Wir sitzen sonst noch morgen
hier. Also, wer macht es?« Wenn sich bis dahin immer noch keiner
erbarmt hat, fangen die Lügen an, die jedem Leiter einer solchen
Veranstaltung geschmeidig über die Lippen flutschen: »Ist gar nicht
viel. Ich habe hier die Tagesordnungspunkte aufgelistet, da muss
man nur noch ergänzen.«

Mit jedem dieser Sätze bin ich mehr davon überzeugt, dass er
mich meint. Mein Arm bekommt dieses Zucken, er will nach oben.

Ich versuche, standhaft zu bleiben. Es sind 17 Leute im Raum (die anderen Glücklichen sind zu Hause und warten auf das Protokoll!). Die können doch auch! Dann passiert es: Der Lehrer schaut in meine Richtung. Ich sende ein Stoßgebet zum Himmel, dass er mich nicht anspricht. Und dann – die warme Welle der Erleichterung: Er hat meine Sitznachbarin angesprochen. Bei uns anderen Müttern heißt sie nur Q7. Doch mein Aufatmen wird ganz schnell abgewürgt, denn Q7 seufzt theatralisch: »Nee, ich kann nicht. Ich hab gerade soooo viel zu tun.«

Ich werfe ihr einen erstaunten Seitenblick zu. Sie hat nur ein Kind und keine bezahlte Arbeit, dafür aber eine Putzhilfe. Die einzige Herausforderung in ihrem Leben ist, soweit ich das beurteilen kann, mit dem Monster-SUV bis vors Schultor zu brettern, ohne eines der anderen Kinder umzunieten. (Wobei ich mir nicht ganz sicher bin, ob sie sich überhaupt bewusst ist, dass auch andere Kinder unterwegs in die Schule sind. Oder dass es überhaupt sowas wie Fußgänger gibt.) Und augenblicklich ärgere ich mich über diese Frau, die sich hier um so einen lächerlichen Job drücken will. Vielleicht will ich auch nur beweisen, dass man *natürlich* einen bezahlten Job, zwei Kinder, einen Hund, ein Eigenheim, einen Gemüsegarten *und* Putzen auf die Reihe kriegt, und noch ein lächerliches Protokoll schreiben kann. Auf jeden Fall höre ich mich auf einmal sagen: »Also gut, ich mach das.«

Die anderen Eltern applaudieren erleichtert, nur Q7 nicht, die schüttelt ihr blondiertes Haar und lacht über eine Nachricht, die sie auf ihr Glitzerhandy bekommen hat. Diese erbärmliche Person! Einen Moment lang bin ich noch stolz, dass ich so viel tatkräftiger bin als sie. Und dass ich höchstselbst den Elternabend gerettet habe! *Wonder Woman* lässt grüßen! Doch schon als der Lehrer mir den

Zettel mit der Tagesordnung reicht, macht sich Katerstimmung in mir breit. Da stehen nur ein paar lächerliche Stichworte drauf. Nix mit »nur ergänzen«. Wusste ich es doch! Er hat mich reingelegt. Und all die anderen Eltern haben mich auch reingelegt mit ihrer vornehmen Zurückhaltung. Verdammt. Ich bin so ein Volltrottel! Mit verkrampftem Lächeln hole ich mir vom Lehrer noch einen Stapel Blätter ab, zücke meinen Stift und komme meiner Sekretärinnen-Pflicht nach. Frollein, zum Diktat bitte! Warum konnte ich nicht auch einfach dasitzen, über WhatsApp-Nachrichten lachen und sinnlose Arbeitsangebote ablehnen? In grandioser Verachtung meiner selbst fange ich an, die Themen für Sachkunde aufzuschreiben.

Das soll ich sein?

Weil ich natürlich schon wieder vergessen hatte, wie ausführlich das Protokoll sein soll, saß ich dann da und notierte am Ende noch haufenweise alberne Vorschläge für die Klassenfahrt, auf die einige Eltern am liebsten mitfahren würden, um bei Bedarf feuchte Kleidung trockenzuföhnen, wenn die grausamen Lehrer das Naturerlebnis-Programm tatsächlich auch bei Nieselregen durchziehen würden. (Gibt es da kein Alternativprogramm? Muss denn das Naturerlebnis wirklich draußen stattfinden? Gian-Luca erkältet sich doch so schnell! Und Sophia-Shirins Jacke war nach dem letzten Ausflug *klitschnass*! Das grenzt schon an Aufsichtspflichtverletzung, die Kinder bei Regen rauszuschicken! Sollten wir nicht sowas wie einen Wetter-Vertrag machen?)

Und während ich vor mich hinkritzelte, bis mir der Arm wehtat (mit der Hand schreiben ist auch nicht mehr das, was es mal war), dachte ich auf einmal: Das bin tatsächlich ich! Eine Frau, die sich eine schöne Lesung mit einer schwachsinnigen Verkaufsstrategie verbockt, aber sich einen Dermatologen-Kongress und ein *Klassen-pflegschafts-Protokoll* aufbrummen lässt!

Tja. So ist es wohl. Kaum zu glauben, aber wahr.

Ich schüttelte mich, weil ich es nicht fassen konnte. Natürlich war ich noch nie ein Verkaufsgenie gewesen, wenn es um meine Person ging. Mir fehlten auch immer schon die Worte, wenn ich so dreisten Typen wie Schlips-Dirk gegenüberstand. Meine Unsicherheiten sind mir so vertraut, als wären sie enge Verwandte. Meine Marotten-Familie.

Aber irgendwie hatte ich gedacht, dass sich das mal ändern würde. Dass mit dem Alter die Klugheit, die Gelassenheit und die Selbstsicherheit kämen. Auf die Schlagfertigkeit hatte ich insgeheim auch gehofft! Aber nein! Nix war!

Ich machte immer noch dieselben Fehler wie schon seit Jahren. Und das nach all der Lebenserfahrung, die ich gesammelt, all den Ratgebern, die ich gelesen, und all den Belehrungen und Weisheiten, die mir mein wohlmeinendes Umfeld schon zuteil hatte werden lassen.

Und in diesem Moment wusste ich: So ist es. Das ist mein Ich mit paarundvierzig. *Und besser wird es auch nicht.*

Diese selbstzweifelnde, harmoniesüchtige, bekloppte, fehlerhafte Person bin ich und ich werde sie aller Voraussicht nach immer sein. Aber wenn ich mit paarundvierzig so eine harmoniesüchtige, selbstzweifelnde, übereifrige, bekloppte, fehlerhafte Person bin – wie um alles in der Welt kann noch was aus mir werden? Wenn ich mich bis jetzt nicht geändert habe, ist die Wahrscheinlichkeit, dass mir das irgendwann zwischen heute und dem Rentenalter gelingen wird, verschwindend gering. Um nicht zu sagen: bei null. (So wie das mit der Hose in 40.)

Aber einfach kampflos aufgeben und sich weiterhin widerstandslos zum Affen machen? Und Leuten wie Schlips-Dirk und Q7 den ganzen Spaß überlassen?

Nee, Leute. Das geht nicht. Ich mag harmoniesüchtig und selbstzweifelnd und übereifrig und bekloppt sein, aber ich bin auch immer noch optimistisch und kampfbereit. Ich muss nur den richtigen Weg finden. Was Neues ausprobieren. Mehr so eine Guerilla-Taktik, mit der ich mich selbst überrumpeln kann.

Und dann las ich etwas Interessantes in der Zeitung.

Fake-Feelings

Die erstaunliche Wirkung eines gefälschten Lächelns

Psychologen haben nachgewiesen, dass man sich besser fühlt, wenn man die Mundwinkel zu einem Lächeln hochzieht. Weil das Gehirn nicht merkt, dass es sich um ein Fake-Lächeln handelt, sondern die Informationen »Mundwinkel oben« immer mit »Freude« verknüpft. Das emotionale Zentrum wird automatisch aktiviert und voilá – man fühlt sich zufriedener. Ist das nicht kurios? Man muss nur *so tun*, als ob man lächelt, und schon ist man happy!

Aber wenn das Gehirn gar nicht so schlau ist, wie man denkt – wer sagt denn, dass man nicht auch andere Gefühle als Zufriedenheit faken kann?

Wenn man zum Beispiel so tut, als hätte man keine Selbstzweifel, hat man ja vielleicht auch weniger. Oder wenn man so tut, als müsste man sich nicht für alles rechtfertigen, dann tut man es vielleicht auch nicht. Oder wenn man so tut, als hätte man nichts falsch gemacht, dann muss man sich auch nicht schlecht fühlen. Verlockende Idee, oder?

Man muss sich vielleicht gar nicht ändern.

Man muss nur so tun als ob!

Ist es tatsächlich möglich, Gefühle zu faken?

Im ersten Moment klingt das mit den Fake-Feelings seltsam. Wie soll man sich denn selbst was vormachen? Doch als ich länger drüber nachdachte, wurde mir klar, dass ich ganz schön viel Übung darin habe, anderen gegenüber gute Miene zum bösen Spiel zu machen. Wenn der Bruder meines Mannes mit seiner Rasselbande bei uns einfällt und mit seinem Regime des antiautoritären Terrors Angst und Flecken verbreitet – und ich lächele und ihnen sage, wie froh ich über ihr Kommen bin (dass ich mich noch mehr über ihr Gehen freue, behalte ich dann für mich). Wenn meine beste Freundin aus Schulzeiten sich mal wieder spontan entschlossen hat, einer kulturellen Veranstaltung in Köln beizuwohnen und mit ihrem Mann bei uns eincheckt wie in ein Hotel, damit sie abends nicht noch in die Eifel zurückfahren müssen – und ich ihr sage, natürlich dürfe sie bei uns übernachten, weil ich es immer schön finde, sie zu sehen (auch wenn es noch schöner wäre, wenn sie auch mal kommen würde, wenn ich ihre Hilfe gebrauchen könnte). Oder wenn mein Mann zum hundertsten Mal die Schranktür offengelassen hat, obwohl ich ihm ebenso viele Male schon gesagt habe, er soll das lassen – auch da schaffe ich es in neun von zehn (okay, acht von zehn) Fällen, die Schranktür einfach zuzumachen und keinen Streit vom Zaun zu brechen, obwohl es in mir brodelt.

Erfolgreiches Zusammenleben beruht doch zum großen Teil darauf, dass man seine wahren Gefühle (aber auf jeden Fall seine *spon-*

tanen Emotionen) verschleiert. Andauernd ist man höflich zu nervigen Zeitgenossen (ob bei der Arbeit, beim Einkaufen, auf Partys, in der Bahn oder sonst wo), obwohl man sie manchmal am liebsten anschreien würde – da kann man wohl mal freundlich zu sich selbst sein! Da kann man sich selbst doch auch nachsichtig, achtsam und rücksichtsvoll begegnen, selbst wenn man eigentlich eine ganz andere Meinung von sich hat!

Frauen & Fake-Feelings

Wenn man es sich genau überlegt, sind Frauen nicht nur Meisterinnen darin, anderen etwas vorzumachen, sondern auch darin, sich selbst etwas vorzumachen.

Ich war neulich mit Anja und ein paar anderen Kolleginnen essen. Es sollte ein gemütlicher Frauenabend werden. Ich freute mich darauf, genau wie auf das Wiener Schnitzel, für das dieses Lokal, in das wir gingen, berühmt war. Und zum Dessert würde ich noch ein köstliches, sahnig triefendes Tiramisu essen.

Wir saßen also da und studierten die Speisekarte.

»Ich nehme den überbackenen Ziegenkäse«, sagte Carla. Der war mir bei den Vorspeisen auch ins Auge gefallen!

»Und als Hauptspeise?«, fragte ich.

»Hauptspeise?«, fragte Carla lachend zurück. »Nein. Ich habe heute Mittag schon gegessen.«

»Wer nicht?«, scherzte ich, aber außer Anja lachte keiner. Als auch Romina nur eine Vorspeise bestellte, geriet mein Vorhaben ins Wanken. Wollte ich wirklich so ein riesiges paniertes Fleischstück mit Pommes? Eigentlich ja schon, aber wenn alle anderen hier nur so Kinkerlitzchen bestellten, käme ich mir schon komisch* vor.

Kurz flammte bei mir Hoffnung auf, dass ich mit meinem Schnitzel nicht alleine dastehen würde, als ich mitbekam, dass Sina, Jule und Monika Gulasch mit Klößen essen würden. Dann erfuhr ich, dass sie sich eine Portion teilten. *Zu dritt.*

»Mehr schaffe ich wirklich nicht«, behauptete Monika. Na klar. Und mein Name ist Queen Elizabeth aus dem Hause Windsor.

»Was nimmst du?«, fragte ich Anja in der Hoffnung, dass wenigstens ihr der Sinn nach Völlerei stand. Ich konnte doch nicht als einzige reinhauen wie ein bayerischer Holzfäller, der auf seinen Cholesterinspiegel pfeift! Wenn ich dann all die anderen mit ihren Tellerchen sehen würde, hätte ich ein total schlechtes Gewissen.

»Weiß noch nicht«, sagte sie und biss sich auf die Lippen. »Und du?«

»Eigentlich hätte ich ja Lust auf was Deftiges!«, wagte ich zu sagen. »Ich auch«, sagte Anja erleichtert. Silke neben mir klappte die Speisekarte zu und verkündete: »Ich nehme die Kürbissuppe.«

»Vielleicht nehme ich das Putengeschnetzelte«, sagte Anja vorsichtig. »Oder die mit Linsen gefüllten Auberginen.«

»Das ist ja vegan!«, entfuhr es mir. (Seitdem ich auf einer Party mal aus Versehen veganes Mett** gegessen habe, bin ich allergisch gegen veganes Essen.)

»Ja, stimmt«, gab Anja zu, »und eigentlich sind Linsen ja gar nicht so meins.«

---

* Okay. Um präziser zu sein und ehrlicher: verfressen. Das zutreffende Adjektiv wäre verfressen.

** Gibt es wirklich. Besteht aus Naturreiswaffeln, die mit Tomatenmark und Raucharomen zugeballert werden. Muss ich noch mehr sagen?

Ich starrte sie einen Moment an und fragte mich, wie sie überhaupt auf die Idee gekommen ist, die gefüllten Auberginen in Betracht zu ziehen. (Jetzt weiß ich: fiese Fake-Feelings!)

»Linsen sind aber extrem gesund«, dozierte Silke, und fing an, in aller Ausführlichkeit die gesundheitlichen Wundertaten der Hülsenfrüchte zu preisen. Plötzlich fühlte ich mich geneigt, die Kichererbsen-Paella zu bestellen. Andererseits müsste ich dann so viel Bier trinken wie ein bayerischer Holzfäller, um die mehligen Dinger runterzuspülen. Das Jägerschnitzel erschien mir plötzlich verlockend, da waren wenigstens gesunde Pilze dabei. Dann mischte sich Karin ein, die sich darüber ausließ, wie viel Fleisch ihr Mann verputzt, und das war die offizielle Eröffnung des Männer-Bashings, das sich heute um kurioses und selbstschädigendes Essverhalten drehte. Wir lachten darüber, wie man Männer mit Tofu ins Bockshorn jagen kann und welche Fleischmassen sie verschlingen, am besten noch mit verbrannten Stellen, und ich lachte zwar mit, aber ich hatte das Gefühl, dass sich mir schon vom bloßen Zuhören die Arterien verengten. Hatte ich jemals Appetit auf Schnitzel gehabt?

Anja verkündete, dass sie sich für den Maronen-Chicoree-Crêpe entschieden hatte, und ich hörte mich sagen: »Eine gute Wahl.« (Was ich in dem Moment tatsächlich ernst meinte.) Dann stand der Kellner mit gezücktem Stift vor mir und ich wusste auf einmal ganz eindeutig, dass ich von Anfang an Lust auf einen Salatteller gehabt hatte.[*]

Es gibt noch massig Beispiele, an denen man sieht, wie leicht es geht, sich selbst vom Gegenteil zu überzeugen. Als ich mit meinem

---

[*] Erst als ich gegen Mitternacht nach Hause kam und mich bis zum Ellenbogen in einer Tüte Chips wiederfand, fiel mir wieder ein, dass ich eigentlich Pommes zum Abendessen hatte haben wollen.

neun Monate alten Sohn beim Kinderarzt war, fragte der mich, wie das mit dem Stillen wäre. Ich sagte, dass mein Sohn sich zwei bis drei Mal nachts melden würde. Der Kinderarzt fragte: »Und wie geht es Ihnen dabei?«

»Prima. Ist alles gut«, sagte ich fröhlich.

»Ich könnte das ja nicht«, sagte er.

Der hat ja auch keine Ahnung vom Muttersein, dachte ich und war immer noch überzeugt, dass mir das nichts ausmachen würde. Aber als ich am nächsten Morgen versuchte, meine müden Knochen aus dem Bett zu hieven, ich meinen Mann wegen einer Kleinigkeit anranzte, mir beim Frühstückmachen die Milchtüte aus der Hand rutschte und ich noch nicht mal *versuchte*, sie aufzufangen, wurde mir schlagartig klar, dass »Prima« nicht stimmte. Und zwar: *kein bisschen!*

Ich war derart müde und kaputt von den ewigen Unterbrechungen meines Schlafes, dass ich kaum aufrecht stehen oder gar klar denken konnte! Und ich hatte es nicht mal gemerkt!

Ein letztes Beispiel:

Als ich vor vielen Jahren in die Redaktion kam, gab es dort einen älteren Redakteur, optisch ein harmlos-netter älterer Herr. In dem Moment, in dem er mir vorgestellt wurde, witterte ich Gefahr. Obwohl er rein gar nichts gemacht hatte, was Anstoß hätte erregen können, weiß ich noch genau, dass in meinem Inneren eine Alarmglocke schrillte. Da aber (zu dem *Zeitpunkt*) noch kein objektiver Anhaltspunkt für Fehlverhalten zu sehen war, beachtete ich mein Bauchgefühl nicht weiter. Er plauderte mit mir, ich wich der Begegnung auch nicht aus, weil ich mir nach wie vor einredete, dass er doch ein freundlicher Kollege sei. Als er mir das erste Mal im Vorbeigehen die Hand auf die Schulter legte, fand ich das zwar unangenehm, sagte aber nichts. Er hatte das ja sicher nett gemeint und schließlich wollte ich mich nicht anstellen. Ich bin ja keine Zimperliese, die bei der kleinsten Kleinigkeit rumzickt. Es dauerte noch eine ganze Weile mit einer Reihe scheinbar zufälligen, freundschaftlichen Berührungen, bis er auch verbal übergriffig wurde und ich endlich die Reißleine zog. Und mir vornahm, mich nie wieder gegen meinen Instinkt zu stellen und mich selbst von etwas zu überzeugen, das ich eigentlich besser weiß. Das ist natürlich nicht leicht. Denn das Überdecken von wahren Gefühlen mit scheinbar rationalen Argumenten ist besonders unter Frauen weit verbreitet.

Die fatale Wirkung der inneren Überredungskunst

Frauen sind echte Überredungskünstler, wenn es darum geht, im Kopf eine Haltung zu entwickeln, die ihrem Bauchgefühl diametral gegenübersteht. Damit schaffen wir es, die Wahrheit zu übertünchen und die echten Gefühle und Bedürfnisse solange zu unterdrücken, bis wir tatsächlich glauben, was wir uns einreden. Damit schaden wir uns selbst erheblich. Im Extremfall geht das so weit, dass manche Frauen sich einreden, ihren Ehemann zu lieben, obwohl er sie betrügt oder schlägt oder sonst wie schlecht behandelt.

Aber warum machen wir das so? Warum fällt es uns so leicht, unsere wahren Gefühle gegen Fake-Feelings auszutauschen und uns selbst was vorzumachen?

Weil wir so sehr gewohnt sind, auf die Befindlichkeiten anderer zu achten, dass wir manchmal nicht mehr wissen, was wir eigentlich selbst wollen.

Und selbst, wenn wir wissen, was wir eigentlich wollen, fällt es uns schwer, unsere Bedürfnisse durchzusetzen, *weil wir negative Konsequenzen fürchten.*

Wenn man einem Säugling die nächtliche Fütterung verwehrt, schreit er wie am Spieß. (Eine Woche lang. Danach hat er durchgeschlafen. Und ich auch!) Wenn man den Kollegen auf seine sexuelle Belästigung aufmerksam macht, zieht das unter Umständen einen Konflikt nach sich, dem man sich nicht immer gewachsen fühlt. (Vielleicht ist der Spuk aber auch mit einer deutlichen Ansage einfach vorbei. War bei mir jedenfalls so.)

Dann fragt man sich, warum man so lange gezögert hat, für sein Wohlergehen einzustehen. Aber auch diese Antwort fällt leicht: Weil Frauen es gewohnt sind, sich vorzumachen, dass es nicht so schlimm sei. Weil Frauen Meisterinnen der Fake-Feelings sind.

Aber warum soll man die weibliche Veranlagung zum Faken von Gefühlen nicht mal nutzen und zum eigenen Vorteil verwenden?

Verhaltens-Make-up

Komischerweise hat mich allein der Entschluss, mich nicht mehr verändern zu *müssen*, sondern nur so zu tun als ob, total erleichtert. So kann ich dem Druck, meine charakterlichen Defizite reformieren zu müssen, endlich entgehen. Ich muss nicht mehr länger schmerzhafte Ursachenforschung für meine Fehler betreiben. Ich muss nicht mehr krampfhaft versuchen, alles richtig zu machen – und enttäuscht sein, wenn es mal wieder nicht geklappt hat.

Es ist doch so: Man kann natürlich jeden Abend um 22 Uhr zu Bett gehen und vorher weder schwere Kost noch Alkohol zu sich nehmen, um acht Stunden erholsamen Schlaf zu haben und tau-frisch aus den Federn zu steigen. Man kann sich aber auch einen Concealer kaufen und die Augenringe kaschieren, wenn man nach einem lustigen Abend zu spät ins Bett geplumpst ist und morgens nicht ganz so blendend aussieht. Und genauso selbstverständlich wie man den Teint mit Puder und Rouge aufpoliert und den Augen mit Mascara einen dramatischen Ausdruck verleiht, kann man doch sein Verhalten aufhübschen. Und so stelle ich mir das vor: Faken ist nichts anderes als Verhaltens-Make-up! Damit sehe ich gleich viel besser aus.

EXKURS

Von Ehemännern und Freundinnen

Männer verstehen das nicht

Manchmal würde ich gern die Welt mit Männeraugen sehen. Es gibt so viele Mysterien in der männlichen Wahrnehmung, die von Wissenschaftlern noch nicht hinreichend untersucht worden sind (im Vergleich zum super erforschten Geruchssinn des Aales zum Beispiel).

Ich meine, was genau sehen Männer, wenn sie Kalkflecken betrachten? Können sie Staubmäuse überhaupt von der Umgebung unterscheiden? Glauben sie wirklich, dass der Hecht, den sie gefangen haben, einen Meter fünfzig lang war? Und was registrieren sie eigentlich, wenn man ihnen komplexe Probleme schildert?

Ich erzähle meinem Mann von dem Elternabend und rege mich ein bisschen auf über den Lehrer, der mich mit seinem schönseifigen Gequassel von der Tagesordnungspunkteliste hinters Licht geführt hat, und über die Helikopter-Eltern, die ihre Angst vor Regenwetter in die Welt hinausposaunen, aber vor allem natürlich über die Dreistigkeit von Q7. (Hauptsächlich, um davon abzulenken, wie sehr ich mich über mich aufrege). Und dann stöhne ich, dass ich jetzt das Protokoll auch noch in den Computer tippen muss. Mein Mann hört sich alles in Ruhe an. Und sagt dann: »Tja. Blöd. Was gibt's zu essen?« Ich frage lieber nicht nach, was (oder vor allem wen) er mit blöd meint, weil ich fürchte, dass ich da auch in Betracht komme. Was nicht heißt, dass ich mich nicht trotzdem ärgere, dass er so wenig Verständnis für meine Notlage äußert. (Und beteuert, wie recht ich doch habe und wie garstig die ganze Welt ist.) Andererseits …

Andererseits ist es natürlich supercool, sich über so einen Quatsch gar keinen Kopf zu machen. Das macht mein Mann nämlich generell nicht.

Und auch die anderen Männer in meiner näheren und ferneren Umgebung neigen überhaupt nicht zum Problematisieren, schon gar nicht der eigenen Fehler. Mein Mann ist jedenfalls der totale »No-big-deal«-Typ, der sich generös selbst verzeiht, wenn er vergessen hat, die Spülmaschine anzustellen oder rechtzeitig das Knöllchen zu bezahlen. Ich finde das zwar manchmal unverschämt, weil das ja unangenehme Folgen für andere hat (kein sauberes Geschirr morgens und völlig übertriebene Mahngebühren). Andererseits hat er mit seiner Haltung viel weniger Stress als ich.

Bei meinem Mann sieht sowieso alles einfach aus. Wenn ich ihn zum Beispiel um Rat frage, lauten seine Tipps ungefähr so:

»Wenn es dich stört, dann stell es ab.«

»Wenn du es nicht machen willst, dann mach es nicht!«

»Wenn der Kollege nervt, dann sag es ihm.«

Oder auch einfach: »Reg dich ab.«

Diese Tipps finde ich superklasse. Wenn auch total realitätsfern. Aber so sind Männer nun mal. Sie mögen Raketenantriebe und Steuerschlupflöcher konstruieren, Karriereleiterakrobatik und das Einparken mit einem E-Klasse-Kombi beherrschen: Ihr Verständnis für die vertrackten Herausforderungen im Leben einer Frau ist und bleibt begrenzt.

Auf der anderen Seite ist ihre Fähigkeit, eine Sache schnell abzuhaken und sich nicht selbst mit Vorwürfen zu martern, natürlich extrem beneidenswert. Da bin ich mir mit Anja einig. Genau wie über so viele Dinge. Denn …

Freundinnen verstehen es immer

Es gibt zwei Kategorien von besten Freundinnen:

Die erste rückt einem die Welt wieder gerade, indem sie bestätigt, dass die anderen an allem schuld sind.

Die zweite Kategorie stellt sich mit dir zusammen schief hin, sodass die Welt wieder gerade aussieht. Oder zumindest lustig.

Meine Kollegin Anja gehört zur zweiten Kategorie. Wenn ich ihr erzähle, was mir wieder Peinliches passiert ist, hat sie immer eine eigene »Blamage des Tages« auf Lager, für die sie sich mindestens genauso ausdauernd schämt wie ich. Und kaum etwas tut so gut, als zu wissen, dass man nicht alleine so bescheuert ist. Dann kann man nämlich auch wunderbar gemeinsam darüber lachen. Vor Anja muss ich mich für keinen charakterlichen Ausrutscher schämen! Und sie sich natürlich auch nicht vor mir.

Als Schlips-Dirk nach der Sache mit meinem verhängnisvollen Telefonat mit dem Schlosshotel triumphierend aus dem Büro stolziert war, fragte ich sie verblüfft: »Warum hast du ihm das mit der Lesung erzählt?«

»Durfte ich das nicht?«, fragte Anja erschrocken und wurde knallrot.

»Jedenfalls nicht in allen blutigen Details«, sagte ich. »Der denkt jetzt, ich wäre ein völliger Idiot.«

»Das denkt der doch sowieso. Also von uns beiden, meine ich«, fügte Anja schnell hinzu. »Und das sind wir ja auch. Also, vor allem ich! Es tut mir total leid, Hanna. Echt. Auweia, wie schrecklich. Was kann ich denn tun, um das wieder gutzumachen?«

Als ich bemerkte, wie unangenehm es Anja war, fühlte ich mich schlecht. Ich wollte nicht, dass sie wegen mir mies drauf war. Die reinste Orgie des Schuldbewusstseins!

Interessanterweise fällt es mir viel leichter, anderen zu verzeihen als mir selbst. Es war kein Problem, Anja dafür zu vergeben, dass sie Schlips-Dirk bereitwillig Munition für seine Überlegenheitsattitüden geliefert hat. Aber sie konnte sich das selbst ebenso wenig verzeihen, wie ich mir das dämliche Gespräch mit dem Typ vom Schlosshotel. Was für ein destruktives und selbstschädigendes Verhalten!

Als ich mich also mit Anja gerade in einhelliger Reumütigkeit verstrickt hatte, sagte ich entschlossen zu ihr: »Schluss damit. Wir machen uns doch nicht selbst fertig. Das machen andere schon mehr als genug! Wir tun jetzt einfach so, als hätten wir gar nichts falsch gemacht.«

»Aber wir haben was falsch gemacht«, protestierte Anja.

»Ich weiß. Aber wir tun so, als wäre uns das egal.«

»Aber es ist mir nicht egal«, jammerte sie.

»Mir ja auch nicht«, antwortete ich. »Aber wir können doch trotzdem so tun!«

Und dann erklärte ich Anja meine Theorie von den Fake-Feelings und wie man sie nutzen kann, um sich das Leben einfacher zu machen.

»Und du meinst, das funktioniert?«, fragte sie mit großen Augen.

Ich horchte ein bisschen in mich hinein. Es war noch da, das unangenehme Gefühl, und der Drang, mich selbst fertigzumachen, weil ich Mist gebaut hatte. Aber es war kleiner geworden. Und ein bisschen verdeckt. Von der »Ich tu so, als wäre es mir egal«-Schicht. »Ich fühle mich jedenfalls schon besser«, stellte ich zu meiner Überraschung fest.

Jetzt könnte man sagen, dass es noch besser wäre, wenn mir solche Dinge wirklich nichts ausmachen würden. Wenn sie mir tatsächlich egal wären. Aber dann würde ich ja über meine Fehler auch nicht mehr nachdenken und mich damit der Chance berauben, aus ihnen zu lernen. Indem ich aber so tue, als wären sie mir egal, befreie ich mich von dem Zwang, immer alles richtig machen zu müssen. Ich kann meine Fehler akzeptieren, aus ihnen lernen und trotzdem Frieden mit mir schließen. Das wird auch langsam Zeit!

UND NOCH EIN EXKURS:

Die Grausamkeit der Poesie

Ein Veilchen ist keine Rose

Beim Aufräumen fiel mir mein altes Poesiealbum in die Hände. Mit einem Lächeln las ich die nostalgischen Sprüche, die Schulfreundinnen, Lehrer und Verwandte vor einem halben Leben hineingeschrieben hatten. Und dann sah ich den Vers, mit dem sich – in schwarzer Tinte – meine Klassenkameradin Martina verewigt hatte:

Sei wie das Veilchen im Moose,
bescheiden, sittsam und rein
Und nicht wie die stolze Rose,
die immer bewundert will sein.

Daneben klebt ein Glanzbild von einem hübschen Veilchen mit Glitzerstaub drauf. Und in diesem Moment fiel es mir wieder ein, als wäre es gestern gewesen. Als ich den Spruch gelesen habe und mir sofort klar war: Das Veilchen, das will ich sein! Ich will nicht die fiese Rose sein, igitt, stolz und stachelig. Nee.

Das Bild gefiel mir: das liebe, kleine, unauffällige Veilchen, das ach so sympathisch am Wegesrand rumlungert. Kein Gedanke daran, dass es in seiner Bescheidenheit ewig darauf warten muss, bemerkt zu werden. Kein Gedanke daran, dass die anderen, hochgewachsenen Blumen dem Veilchen das Sonnenlicht wegschnappen und es gnadenlos im Schatten verkümmern lassen. Und auch kein Gedanke daran, dass man das Veilchen in seinem Moose aus Unachtsamkeit auch mal platttritt.

Nein, die ehrenvolle Bescheidenheit des Veilchens schimmerte verlockend vor meinen Augen und blendete jeden Nachteil seines Daseins aus. Ich war überzeugt, dass die wunderbaren Eigenschaften des Veilchens sowieso für Anerkennung sorgen würden, schließlich gehörten Sittsamkeit, Bescheidenheit und Reinheit zu den charakterlichen Qualitäten, die jeder schätzen *musste*. Umso erstaunter, um nicht zu sagen enttäuschter, war ich, als sich das nicht bewahrheitete. Im Gegenteil. Ich stellte fest, man wird sehr oft links liegen gelassen, wenn man mucksmäuschenstill darauf wartet, bemerkt zu werden.

Eine Rose dagegen bekommt automatisch Aufmerksamkeit. Auf eine Rose latscht auch niemand ungestraft, genauso wenig schiebt man sie achtlos zur Seite. Nee, vor einer Rose hat man automatisch Respekt, weil man weiß, wie sie stechen kann, wenn man sie unvorsichtig anfasst. Eigentlich genau so, wie man behandelt werden möchte!

Aber denkt man an so etwas, wenn man in leicht beeinflussbarem Alter mit dem Imperativ von Poesiesprüchen konfrontiert wird? Nö. Man folgt einem hübschen Bild, einem in wohlfeile Worte verpackten Leitsatz und eifert einem vermeintlich hehren Ideal nach – und hat dann mit lebenslangen Konsequenzen zu kämpfen. Die Grausamkeit der Poesie!

Denn eines ist logisch: Man kann kein Veilchen sein und wie eine Rose behandelt werden! Aber kann man das ändern? Kann aus einem Veilchen eine Rose werden? Schwierige Frage. Denn als Frau darf man alles sein, weinerlich, hysterisch, schüchtern, neurotisch – alles wird verziehen. Aber Stolz und Eitelkeit? Und dazu noch Kratzbürstenverdacht? Ein absolutes No-Go!

Generationen von Veilchen wurden herangezüchtet – und noch heute neigen Frauen dazu, eine Frau, die als stolze Rose auftritt, schräg anzuschauen. Unsere Bewunderung für das selbstherrliche Auftreten der Rose blüht, wenn überhaupt, nur im Verborgenen unseres Unterbewusstseins. Wir wären zwar gern ein bisschen wie die Rose, aber gleichzeitig hassen wir sie auch für ihre Dreistigkeit. Schizophrenie ist den Veilchen in die … äh … Wiege gelegt.

Und so stehen wir Veilchen am Wegesrand und sind dankbar, wenn man uns überhaupt bemerkt. Und diese Haltung haben viele Frauen verinnerlicht: Sie sind dankbar, dass man sie heiratet, und dankbar, dass man ihnen einen Job gibt. Wer aber ewig dankbar ist, fühlt sich auch ewig in der Bringschuld.

Und diese Bringschuld ist eine vertrackte Sache. Sie verleitet Frauen zu vorauseilendem Gehorsam, zu Beflissenheit und zu der Überzeugung, sie müssten noch besser sein, noch mehr leisten, noch fleißiger sein, bevor sie laut sagen dürfen: »Ich bin super in meinem Job.«

Wer sich ewig in der Bringschuld fühlt, der sagt nicht einfach: »Ja, klar kann ich das«. (Wie ich zu dem Herrn vom Schlosshotel hätte sagen sollen.)

Der sagt auch nicht einfach: »Nein, ich will das nicht.« (Wie ich schon so oft hätte sagen sollen.)

Und das ist eines der Hauptprobleme: »Nein, ich will das nicht« und »Ja, klar kann ich das« sind die beiden Sätze, die Frauen so schwer über die Lippen kommen wie kaum ein anderer. Zumindest den Veilchen unter uns. Denn es widerspricht jeder Bescheidenheit, sich klar zu seinem Willen und seinem Können zu bekennen. Letzteres ist ja fast schon ein Eigenlob. Und auch das ist ein absolutes No-Go für ein Veilchen. Leider. Denn …

Eigenlob stinkt – wonach eigentlich?

Von dem Moment an, in dem Kinder feststellen, dass sie Dinge können, fordern sie Anerkennung dafür ein. Und sie sind stolz wie Bolle, wenn sie alleine den ersten Brei essen können, einen Turm bauen oder eine Sonne malen (oder ist es eine Wurstexplosion?). Ob sie das erste Mal auf die Rutsche klettern oder einen Sandkuchen backen, immer rufen sie: »Guck mal, Mama! Guck mal, was ich kann!«

Und Mama guckt natürlich und preist ihr Kind über den grünen Klee für seine Wundertaten, für selbstgetöpferte Eulen (oder ist es eine Banane mit Augen?) und den ersten halbwegs gelungenen Handstand (Purzelbaum?). Natürlich lobt sie ihr Kind und findet es ausgesprochen talentiert und weit für sein Alter. Aber wehe … *wehe!* … wenn das Kind es ausspricht und fröhlich kräht: »Ich kann das super, oder Mama?«

»Ja, du kannst das super«, sagt Mama wachsam. Der Peilsender für Eigenlob ist angegangen.

»Ich kann das viel besser als Tim!«, stellt das Kind fest. Oha. Jetzt wird's kritisch. Denn selbst wenn es stimmt, dass das eigene Kind viel besser malen/klettern/lesen kann, sorgen viele Mütter automatisch für ausgleichende Gerechtigkeit und loben Tim für irgendetwas, was *er* besonders gut kann. Wenn einem nichts einfällt, weil sich Tim bisher nur damit hervorgetan hat, mit seiner Schaufel auf die Sandkreationen anderer Kinder einzuhämmern, schwurbelt man kryptische Sachen wie: »Ja, aber Tim lernt das auch noch.« Oder: »Tim kann dafür eine Menge anderer Sachen.«

Wenn zwei Geschwister die Mutter fragen, welches Bild sie am schönsten finde, zeigen Sie mir die hartherzige Person, die sagt: »Das Bild von Lotte ist wirklich viel schöner als deins … was soll das Geschmiere eigentlich sein?«

Nein, diplomatisch sagt man: »Die sind beide gleich schön!« Natürlich ist es nett, dass man den weniger Talentierten nicht ins Abseits stellen möchte. Andererseits sorgt die dauernde Leistungsrelativierung auch dafür, dass man nicht lernt, herausragende Arbeiten und Ergebnisse auch als solche benennen zu dürfen. Dabei wünscht man sich doch selbstbewusste Kinder, die sich gut verkaufen können, um später einen guten Job zu kriegen. Und nicht wie ich Unsinn stammeln und sich selbst um Aufträge bringen.

Ich habe früher nie von selbst erzählt, wenn ich besondere Erfolge im Sport errungen hatte. Und ich habe etliche Medaillen von Deutschen Meisterschaften. Und welches Kompliment ist mir besonders im Gedächtnis geblieben? Dass eine Freundin zu mir sagte, sie fände das so toll, dass ich mit meinen Leistungen nicht angebe. *Das* hat mich stolz gemacht. Denn wie der Volksmund ja sagt: Eigenlob stinkt. Und damit wollte ich nichts zu tun haben. Vielleicht haben Männer deswegen weniger Probleme, Eigenlob abzusondern, weil sie allgemein weniger Hemmungen haben, übelriechende Gase abzulassen?

Aber nicht nur, was das Eigenlob angeht, sind Männer in der Regel weniger zimperlich. Sie haben oft auch viel weniger Hemmungen, so zu tun, als hätten sie Ahnung.

Schon früher habe ich gestaunt, mit welcher Überzeugungskraft manche Typen den allerdünnsten geistigen Dünnschiss vortragen konnten. In der Uni zum Beispiel. Während ich selbst mit zitterndem Stimmchen und flammenden Flecken auf den Wangen mein Referat vorgetragen habe, an dem ich tagelang gefeilt hatte, stellten sich manche Blödmänner einfach vorne hin, breitbeinig und relaxt, und erzählten einen vom Pferd. Selbst wenn der Prof am Ende ratlos sagte: »Ach, Sie sind fertig. Ja, äh, ja danke für diesen besonderen … hüstel … Vortrag«, kamen sie nicht im Traum auf die Idee, sich schlecht zu fühlen. Im Vergleich zu mir, die sich sicher war, dass alle über mich und mein Referat lachten. Aber die Typen waren total mit sich im Reinen: Schein gekriegt, Sieg errungen.

Mit Blendgranaten kann man auch eine Schlacht gewinnen, sagt mein Freund Lars immer. Lars ist ein Meister der Blendgranaten. Schon in der Schule hatte er nur deswegen gute Noten, weil er mit Reden alle Lehrer für sich einnahm. Er saß neben mir und wenn ich mal wieder die Antwort leise vor mich hingemurmelt hatte (anstatt aufzuzeigen und sie laut zu sagen), rief Lars sie einfach in den Klassenraum und kassierte die Anerkennung des Lehrers. Er war ständig abgelenkt mit irgendwas, aber er konnte aus dem Stehgreif jede Frage beantworten – oder den Lehrer mit einer Gegenfrage ablenken und so Interesse vortäuschen. Bei den

Klausuren mogelte er sich durch und verließ sich auf seine Spickzettel oder das Wissen seiner Sitznachbarn. Ich weiß noch, wie er bei uns zu Hause mal beim Mittagessen irgendwelche erstaunlichen medizinisch-historischen Zusammenhänge erläuterte, denen meine Eltern aufmerksam lauschten. Als wir später alleine waren, fragte ich: »Bist du dir sicher bei dem, was du da eben erzählt hast?«

Und er so: »Nö.«

Mir fiel die Kinnlade runter.

»Komm, dein Vater war beeindruckt. Das reicht«, sagte Lars lachend. Er machte sich nicht mal Gedanken darüber, dass er vielleicht was Falsches gesagt haben könnte. Obwohl Lars (trotz seiner guten mündlichen Noten) nur ein mittelmäßiges Abi gemacht und sein Studium mit Ach und Krach beendet hatte, ist er mittlerweile führender Manager einer großen Unternehmensberatung und, wie ich ihn kenne, wird es nicht mehr lange dauern, bis er den Laden übernimmt. Und warum? *Weil er nicht den geringsten Zweifel an seiner Meinung oder seiner Leistung hat.* Und noch charmant dabei ist.

Damit das klar ist: Ich finde blöd, dass es in vielen Bereichen der Gesellschaft wichtiger ist, wie man rüberkommt, als was man kann. Dass man wie ein Schießhund darauf achten muss, wie man sich präsentiert, um Anerkennung für seine Leistungen und Respekt zu bekommen. Dass diejenigen, die ehrlich auf ihre Fehler hinweisen, von denjenigen ausgestochen werden, die besser blenden können.

Mein Herz schlägt für die Leute, die ihre Unsicherheit nicht verbergen können, die hektische Flecken bekommen, die keine geschliffenen Wortbeiträge mit ruhiger Stimme vortragen. Ich finde das total sympathisch, das Nicht-Perfektsein, das Fehlerhafte, das Menschlichsein. Weil ich weiß, dass es keine Aussagekraft darüber hat, was jemand kann.

Und ich würde mir wünschen, dass viel mehr Chefinnen und Chefs hinter die Fassaden schauen, da wo die eigentliche Leistungsfähigkeit verborgen ist, und sie die kommunikativen Schwächen der Mitarbeiter nicht zu deren Nachteil ausnutzen. Wenn es mehr um *Leistung* als um die *Darstellung der Leistung* ginge. Und wenn man wüsste, dass es nicht darauf ankommt, rhetorisch brillant und hundert Prozent selbstsicher aufzutreten, dann gäbe es auch keinen Grund mehr, in Konferenzen oder bei Gesprächen mit den Vorgesetzten nervös zu sein. Was wiederum dazu führen würde, dass man gelassener wäre und seine Wortbeiträge auch ruhiger vortragen können würde. Dann sähe die Geschäftswelt in vielen Bereichen anders aus. Ich glaube, dass dann Frauen auch viel öfter ein Wörtchen in den Chefetagen mitreden würden. Leider, leider ist dem aber nicht so. Und der Grund dafür ist hauptsächlich…

Die vertrackte Sache mit der eigenen Leistung

Die Stärke der Frauen ist die Kommunikation. Bis wir den Mund aufmachen. Zumindest wenn es um die Darstellung der eigenen Leistung im Beruf geht, reden wir uns gern mal um Kopf und Kragen. Und versagen regelmäßig. Siehe mein Telefonat wegen der Lesung.

Man braucht sich nur die jährlichen Meldungen über die ungleiche Bezahlung von Männern und Frauen anzuschauen, dann weiß man: hier läuft ganz entschieden was falsch. Frauen verdienen bis zu zwanzig Prozent weniger als männliche Kollegen – für die gleiche Arbeit.

Warum? Wir fordern es nicht ein. Weder mit Worten noch mit unserem Auftreten. Während wir im Bereich des Familienmanagements um unsere herausragenden Qualifikationen als Organisatorinnen des Alltags wissen, fällt es uns im beruflichen Kontext viel schwerer, unsere Leistung angemessen zu beurteilen, sie darzustellen und Ansprüche zu formulieren.

Das liegt natürlich auch daran, dass man dazu die Ellenbogen ausfahren muss. Arbeitsleben bedeutet Wettkampf, und Wettkämpfe sind stressig. Man muss um Aufträge, faire Arbeitsverteilung und das schönere Büro kämpfen. Man muss sich andauernd mit Kolleginnen und Kollegen auseinandersetzen, die anderer Meinung sind und verschrobene, unlogische, umständliche Arbeitsweisen haben. Konflikte sind an der Tagesordnung – und das ist wahnsinnig anstrengend. Wenn man noch dazu einen Haushalt zu stemmen und Kinder zu versorgen hat, übersteigt das nicht selten die Kräfte. Besonders, wenn man sich bei Niederlagen (oder vermeintlichen Niederlagen) selbst für seine Dummheit oder Unbeholfenheit fertigmacht. Wenn man stundenlang überlegt, ob man vielleicht was falsch gemacht hat oder blöd rübergekommen ist. Da scheint es ein Ausweg zu sein, Konflikte zu vermeiden und sich dem Wettkampf gar nicht erst zu stellen.

Das Blöde ist nur, dass man sich trotzdem ärgert: über unfähige Vorgesetzte und dummdreiste Kollegen, über die ausgefallene Beförderung oder eine schlechte Bezahlung. Oder einen Dermatologen-Kongress! Und deswegen lohnt sich ein Blick auf die Dinge, die man leicht besser machen kann. Natürlich wird man nicht sofort vom zweifelnden Häschen zum überzeugenden Macher wie Lars. Aber mit ein paar Tricks und Kniffen kann man sich das Leben im Job deutlich einfacher machen. Bevor ich dazu komme, ist es sinnvoll, sich erst einmal genauer anzuschauen, was Frauen konkret falsch machen. Zum Beispiel servieren sie ihre ...

Selbstzweifel auf dem Silbertablett

Männer wissen es nicht besser. Sie tun oft nur so. Frauen dagegen neigen dazu, Chefs und Kollegen gegenüber ihre gesamten Selbstzweifel auf dem Silbertablett zu präsentieren. Vorgesetzte brauchen sich aus der reichlichen Auswahl nur die besten Argumente gegen eine Gehaltserhöhung oder Beförderung herauspicken. Und Kollegen bekommen so reichlich Munition, um sich auf der Karriereleiter vorzudrängeln.

Vielleicht kommt Ihnen folgende Situation bekannt vor. Ich habe sie schon so oft erlebt – am eigenen Leib und bei Kolleginnen.

In der Konferenz: Frau meldet sich zu Wort. Hat eine fundierte Bemerkung zu machen. Sie beginnt ihren Vortrag mit der einleitenden Bemerkung: »Ich bin mir nicht ganz sicher, aber …« Dann redet sie drauf los, ein bisschen zu schnell vielleicht, aber sinnvoll, weil sie eine gute Mitarbeiterin ist, weil sie Bescheid weiß. Aus dem Augenwinkel bemerkt sie, dass der Kollege links auf sein Smartphone schielt. Ein Gedanke schießt ihr in den Kopf: Ist mein Beitrag so langweilig? Sie spricht schneller, um den schlechten Eindruck wettzumachen. Der Kollege gegenüber starrt sie dagegen so seltsam an. Die Gedanken überschlagen sich: Rede ich Unsinn? Stimmt was mit meiner Frisur nicht? Oder habe ich schon wieder diese peinlichen hektischen Flecken, die jedem Deppen klarmachen, dass ich nervös bin?

Sie fängt an zu haspeln, fügt eilfertig noch eine Statistik hinzu, von der sie nicht mehr hundert Prozent weiß, wo sie sie gelesen hat (und das ehrlicherweise auch erwähnt), findet kein richtiges Ende, ihre Schlussfolgerung verliert sich in einem Wortschwall, die Stimme wird brüchig, kündigen sich da tief in ihrer Kehle vielleicht Tränen an? Am Ende ist sie so verzweifelt, dass sie dem Kollegen sogar dankbar ist, dass er sie unterbricht, um mit sonorer Stimme und in knappen Sätzen das Gleiche in grün vorzutragen. Und dann lauscht sie mit brennenden Wangen, wie er vom Chef ein Lob einheimst, während sie daran denkt, dass der Kollege erst heute Morgen wieder nach dem neuen Abrechnungssystem gefragt hat, das er immer noch nicht begriffen hat.

Nein, Frauen sind nicht so erfolgreich wie Männer.

Und warum?

Nicht, weil wir an uns zweifeln.

Sondern, weil wir *andere in diese Selbstzweifel einweihen.*

Weil wir unsere Unsicherheit wie ein Zeichen der Unterwerfung gut sichtbar vor uns hertragen.

Das Blöde an Unsicherheit ist, dass sie sich verhält wie Hefeteig. Einmal angesetzt, gärt sie vor sich hin, bläht sich auf und vermehrt sich, ohne dass man was dafür tun muss. Denn dummerweise ist es so: Wer unsicher ist, lässt sich leicht noch mehr verunsichern. Durch Blicke, Getuschel, Gelächter, das man natürlich auf sich bezieht. Lästern die Kollegen da drüben gerade über mich? Was hat der Chef zum Abteilungsleiter gesagt, nachdem ich bei ihm war? Hat er sich über mich beschwert? Kichern die Kolleginnen, weil der Chef mich für eine dumme Nuss hält?

Mit solch selbstquälerischen Fragen kann man sich leicht den ganzen Tag verderben und jede Menge Energie verschwenden, die man eigentlich dafür bräuchte, seine Aufgaben zu erledigen. Oder sich zu entspannen.

Ich weiß, es ist nicht leicht, solche Unsicherheiten von einem auf den anderen Tag abzustreifen. Und es gibt schon jede Menge Ratgeber, die Hilfe versprechen. Da geht es um das Visualisieren von Erfolgen, um positives Denken und Entspannungstechniken. Richtig ist, was nützt. Einfach abstellen lässt sich dennoch weder das negative Denken noch die Unsicherheit. Trotzdem lohnt es sich, es zu versuchen. Zum Beispiel, indem man sich zunächst mal vor Augen führt, dass es normal ist, Selbstzweifel zu haben. Ich weiß, sie sind Teil meines Ichs, genau wie die hektischen Flecken. Bin ich deswegen ein schlechterer Mensch? Nö. Finden mich die Leute weniger überzeugend als den Kollegen? Vielleicht. (Okay. Bestimmt sogar!) Aber an der Überzeugungskraft lässt sich arbeiten. Viel leichter jedenfalls als am Charakter – zum Beispiel mit Faken.

Leistungsdarstellung

Ich fake, also bin ich

Um andere von sich und seiner Meinung überzeugen zu können, muss man als Erstes selbst davon überzeugt sein. Sagt Lars. Und ich finde, das klingt absolut überzeugend! Das Fatale, gerade bei uns Frauen, ist aber, dass wir zwar durchaus wissen, dass wir recht haben, es aber nicht schaffen, es so wirken zu lassen. Wenn man aber so wirkt, als glaube man selbst nicht an seinen Vorschlag, wird man auch niemanden für seine Ideen gewinnen.

»Wenn du deine Meinung selbst nicht wertschätzt, wie sollen es dann andere tun?«, sagt Lars. »Deswegen muss man jeden Zweifel für sich behalten und immer so tun, als wäre man hundertprozentig sicher.«

Jetzt ist es natürlich billig, einfach zu sagen: Tun Sie doch so, als wären Sie überzeugt und superselbstbewusst und kriegen Sie auch keine hektischen Flecken mehr. Das wird genauso wenig funktionieren, wie wenn man beschließt, ab jetzt fotogen zu sein. Da kann man noch so verbissen lächeln, das heißt noch lange nicht, dass man auf den Bildern blendend aussieht. Und nicht wie jemand mit einer eitrigen Wurzelentzündung. Aber man kann natürlich trotzdem seine Wirkung auf Fotos beeinflussen. Indem man sich vorteilhaft kleidet und schminkt, sich gerade hält und auf das richtige Licht achtet. Und genauso kann man auch mit kleinen Tricks Unsicherheiten im Job kaschieren.

Viele Worte verderben den Brei

Fangen wir mit einem Test an. Was fällt Ihnen an den folgenden beiden Sätzen auf und welchen finden Sie überzeugender?

Eigentlich habe ich vor, Ihnen hier einen kleinen Einblick in die Fehler der weiblichen Kommunikation zu geben, die zumindest mir persönlich schon häufig passiert sind.

Ich gebe Ihnen jetzt einen Einblick in die häufigsten Fehler der weiblichen Kommunikation.

Und? Schon eine Idee?

Sicher – denn so schwarz auf weiß, wird es ziemlich deutlich: Der Weg ins berufliche Abseits ist gepflastert mit Füllwörtern.

Füllwörter verdünnen Informationen und schwächen die Aussagekraft. Es ist, als ob man ein Salatdressing mit Wasser streckt – mit ein paar Tropfen wird es geschmeidiger, aber wenn nur ein bisschen zu viel Wasser drin ist, geht der Geschmack verloren.

So ähnlich ist es, wenn man dem Gegenüber einen Schwall Wörter um die Ohren haut. Nicht nur überlastet das Gelaber schnell die Aufnahmekapazitäten der Zuhörer. Es ist auch klar, dass sich die meisten gar keine Mühe geben, aus dem Wortgestöber die entscheidenden Informationen herauszufiltern. Die Leute schalten einfach ab, warten, bis der Spuk vorbei ist, und reden dann weiter, als wäre nichts gewesen.

Jeder Mensch hat seine individuellen Lieblingsfüllwörter, seine eigene Kollektion persönlicher Satzparasiten, die sich ungefragt an andere Wörter anheften und sie inhaltlich aussaugen. Selbst merkt man es gar nicht, aber die Zuhörer registrieren es sehr wohl. Als ich mal auf Bali war, fragte mich ein Taxifahrer, wo ich herkäme. »Miss, where are you from?«

»Germany.«

Er grinste und sagte: »Ach so.«

Ich stutzte. Erst später wurde mir bewusst, was er gemeint hatte. Denn bis zu diesem Zeitpunkt hatte ich nicht mal *bemerkt*, wie oft und selbstverständlich das »Ach so« im deutschen Sprachgebrauch ist. Erst nachdem mich der balinesische Taxifahrer darauf aufmerksam gemacht hatte, stellte ich fest, dass ich pro Tag bestimmt zwanzig Mal »Ach so« sage. Den Ach-so-Effekt kann man auch erleben, wenn man anfängt, seine Lieblingsfüllwörter zu zählen. Bei mir steht »natürlich« ziemlich weit oben. Und natürlich »bisschen«. Und ein bisschen auch »ziemlich.«

Zu den meistverbreiteten Füllwörtern gehören: nur, ganz, also, halt, zwar, wohl, genau, mal, dann, sowieso, sozusagen, irgendwie …

Vor Jahren hatte ich mich mal über eine Geldanlage informiert. Es ging um die Beteiligung an einer Firma. Herr K. kam und erläuterte sein Geschäftsmodell, das er »irgendwie total klasse« fand. Das sei »irgendwie noch nie da gewesen« und »irgendwann würde es sich total rentieren«. Hätten Sie dem Mann Ihr Geld gegeben? Irgendwie nicht, oder?

Füllwörter sind also …

Möglicherweise von Nachteil

Es ist ~~eigentlich schon~~ wichtig, in diesem Kapitel das Augenmerk auf eine bestimmte Gruppe von Füllwörtern zu lenken: Füllwörter mit einschränkender Bedeutung.

Die sind besonders verheerend für die Aussagekraft eines geschriebenen oder gesprochenen Textes. Einschränkende Füllwörter schwächen die eigene Rede gleich doppelt: Einmal durch ihre bloße Anwesenheit, weil sie die Sätze unnötig aufblähen. Und zweitens, weil sie die Aussagekraft an sich vermindern. Das »eigentlich« signalisiert ja zum Beispiel eine Absicht, die man bereits aufgegeben hat. Oder eine Absicht, die man niemals wirklich verfolgt hat. Wenn etwas »eigentlich wichtig«, »eher wichtig« oder »eventuell von Bedeutung« ist, braucht man ihm viel weniger Aufmerksamkeit schenken als den Sachen, die wichtig und von Bedeutung sind.

Zu den gefährlichen Satzparasiten gehören:

- eigentlich
- eher
- vielleicht
- eventuell
- im Grunde genommen
- schätzungsweise

- unter Umständen
- gegebenenfalls
- zumindest
- etwa
- möglicherweise
- allenfalls
- ungefähr …

Um sich Füllwörter abzugewöhnen, muss man sich erst einmal bewusstwerden, dass man sie benutzt. Dann kann man darauf achten, sie weniger zu verwenden. Wobei natürlich beim Sprechen ein Füllwort hier und da den Redebeitrag flüssiger macht, weswegen man nicht ganz auf sie verzichten kann. Viel einfacher ist, für den Anfang bei Mails und anderem Schriftverkehr darauf zu achten, dass man seine Aussage nicht mit Füllwörtern verwässert.

Ich habe zum Beispiel eine Tendenz, massenweise »aber« und »und« in meine Texte reinzumogeln. Nachdem mich meine Lektorin darauf aufmerksam gemacht hat, bin ich mein ganzes Manuskript durchgegangen und habe dutzendfach kleine Wörter eliminiert. ~~Und~~ Siehe da: Der Text las sich anschließend viel flüssiger.

Mir muss niemand Kompetenz absprechen. Das kann ich ganz allein!

Noch schlimmer als Füllwörter sind Phrasen und Floskeln, mit denen man sich von vornherein selbst die Kompetenz abspricht. Davon gibt es jede Menge, und ja, auch ich benutze sie häufig. (Jetzt nicht mehr so viel wie früher – zum Glück!)

Wenn man sich in der Konferenz zu Wort meldet und mit der Vorbemerkung »Ich bin mir gar nicht sicher, ob das überhaupt relevant ist ...« anfängt, hat man schon verloren. Es mag zwar ehrlich und sympathisch sein, so zu reden, zielführend ist es überhaupt nicht. Mit so einer Vorbemerkung berechtigt man seine Zuhörer geradezu, sich anderen Dingen zuzuwenden! Wenn es nicht relevant ist, wieso sollte man dann überhaupt zuhören?

Von diesen selbstschädigenden Phrasen gibt es mehr, als man denkt.

Da sind zum Beispiel:

»Es ist zwar nur meine Meinung ...«

»Eigentlich ist das nicht mein Fachbereich ...«

»Ich meine, mich erinnern zu können, mal irgendwo gehört zu haben, dass ...«

»Ich weiß nicht, ob es nur mir so geht, aber manchmal habe ich das Gefühl, dass ...«

»Ist wahrscheinlich nur eine Schnapsidee ...«

Selbst wenn nach einer solch dämlichen Vorbemerkung der genialste Vorschlag der Welt folgt, wird ihn kaum jemand als genialsten Vorschlag der Welt identifizieren, weil man ja selbst zugegeben hat, dass man keine Ahnung hat von dem, was man da labert!

Um Sicherheit vorzutäuschen, sollte man also unbedingt auf Bemerkungen verzichten, die die eigene Kompetenz untergraben. Denn darüber freut sich nur einer: Der Kollege, der Sie sowieso so gern dumm dastehen lässt.

Ich weiß, das ist nicht einfach. Aber das ist Biskuitteig auch nicht, und trotzdem wage ich mich daran. Und wenn er beim ersten Mal nicht gelingt, probiere ich es wieder, bis er gelingt. In der Zwischenzeit versuche ich, mich nicht verrückt zu machen, wenn ich in der

Redaktionskonferenz was Dämliches gesagt habe. Und wenn ich mich beruhigt habe, dann kann ich darangehen und …

Aus Fehlern lernen

Wenn ich meinen Redebeitrag aus der Redaktionskonferenz unter die Lupe nehme, finde ich gleich haufenweise Anzeichen für Zweifel. Kein Wunder, dass mich Schlips-Dirk plattgemacht hat. Schauen wir uns den doch mal genauer an:

»Aber *ich wollte (*Vergangenheit, der Wunsch ist also schon passé) *doch eigentlich* (einschränkendes Füllwort, das kennzeichnet, dass ich die Absicht schon aufgegeben habe) *die Premiere machen. Ich dachte, das wäre klar gewesen.* (Einschränkung auf einen eigenen Gedanken, der nur mir durchs Hirn gespukt ist.) *Ich meine, ich hab doch auch schon vor Wochen wegen des Interview-Termins angefragt.* (Von selbst auf ein gescheitertes Vorhaben hinzuweisen, ist mehr als dämlich.)«

»*Hast du einen Termin bekommen?*«, *fragte Schlips-Dirk.*

»*Nein, das nicht*«, beeilte ich mich zu sagen, »*aber das war ja auch nur deswegen, weil da schon so viele andere gefragt hatten* (völlig überflüssiger Rechtfertigungszwang*), die wichtiger sind als wir, also für den Filmbetrieb, meine ich.* (Hätte ich gleich sagen können: Ich habe null Durchsetzungskraft.) *Und normalerweise machen wir ja bei so Premierenfeiern nur das Drumherum, die Fans, die warten und die Stimmung auf dem roten Teppich* (heißt nichts anderes, als: ich habe keine besondere Idee), *und ich will ja jetzt nicht sagen, dass ich das immer mache, aber eigentlich ist das doch eher mein Gebiet* (Verneinung, Einschränkung, vage Aussage – dieser Satz ist eine einzige Katastrophe!). *So die bunten Sachen.* (Abqualifizieren des Themas und der eigenen Fähigkeiten.)«

Um Gottes Willen, was für ein Gestammel!

Also: Füllwörter streichen und Floskeln, mit denen man sich selbst die Kompetenz abspricht. Und einfach mal so tun, als gäbe es keinen Zweifel an seiner Aussage und seinem Können. Wenn man zum Beispiel irgendeine Tatsache vorbringt, Daten, Statistiken, Sachlagen, sollte man auch so tun, als stimmten die. Trotzdem passiert es auch mir immer wieder, dass ich solche Sätze von mir gebe: »Ich bin mir nicht mehr sicher, wo ich es gelesen habe, aber es gab da mal eine Statistik, nach der etwa nur vierzehn Prozent … ich glaube, es waren vierzehn, vielleicht aber auch mehr, oder waren es zwanzig? … egal, Car-Sharing nutzen.«

Wer hört da noch zu?

Mein Freund Lars ist da völlig schmerzfrei.

»Ist doch egal, ob das genau stimmt oder nur ungefähr und wo du es gelesen hast«, sagt er dazu. »Ist schließlich keine Doktorarbeit, in der man jede Quelle penibel auflisten muss.«

»Aber was machst du denn, wenn irgendjemand darauf eingeht und Genaues wissen will?«, bohre ich nach.

Lars lacht. »Pfhh, dann behaupte ich einfach, das wäre aus dem Wirtschaftsreport oder dem Handelsblatt. Und wenn das wirklich einer genau wissen will, dann suche ich nachher die Quelle raus. Und falls ich mich geirrt haben sollte, kann ich mich immer noch korrigieren. Aber im Meeting habe ich erstmal einen guten Eindruck gemacht.«

So einfach soll das gehen? Lars zuckt nur mit den Schultern. »Na klar. Und keine Konjunktive«, sagt Lars noch. »Der Konjunktiv ist dein Feind, der Imperativ dein Freund.« Dann beugt er sich näher zu mir, starrt mich durch seine Brillengläser an und sagt: »Probiere es aus!«

Fassen wir mal zusammen, was man tun kann, um so zu tun, als wäre man überzeugt: keine Füllwörter, keine selbstschädigenden Floskeln, mit denen man sich die Kompetenz abspricht, sich vom Zwang befreien, jede Aussage mit einer Quelle zu bestätigen, wenig Konjunktive. Damit ist schon ein Anfang gemacht. Es gibt aber noch mehr, auf das man achten sollte. Zum Beispiel darauf, seine Redebeiträge nicht ausufern zu lassen, sondern prägnant zu halten. Das fällt nicht immer leicht, vor allem, wenn man auf Zustimmung wartet.

Einfach mal so tun, als bräuchte man keine Zustimmung

In der Konferenz diskutierten wir neulich über ein neues Format. Es ging um eine Interviewreihe mit Helden des Alltags und es sollte die übliche Melange von Zivilcourage und sozialem Engagement enthalten. Anja hatte mir schon im Vorfeld gesagt, dass es ihr auf die Nerven ginge, dass solche Formate immer nach dem gleichen Strickmuster entworfen und Leute portraitiert würden, die mindestens einem Kind, einer Oma oder einem Rudel Welpen das Leben gerettet haben. Sie fände es toll, wenn wirklich mal Durchschnittshelden zu Wort kommen würden, Leute wie du und ich, die noch niemanden aus dem Eiswasser gefischt haben, aber trotzdem Großartiges leisten. Der Fußballtrainer einer Jugendmannschaft. Der Lehrer einer Hauptschule. Oder eine Mutter von vier Kindern, die auch noch halbtags arbeiten geht. Anjas Wangen waren gerötet, als sie ihr Plädoyer für die kleinen Leute beendete, und die Chefin erwartungsvoll anschaute. Die Chefin umklammerte die Tasse mit der Aufschrift *Arschlecken Trallala* und fragte: »Und wo ist da die Fallhöhe?«

Anja klappte den Mund auf, um sich eine Antwort aus den Fingern zu saugen, da preschte Schlips-Dirk vor mit der These, dass der Reporter unbedingt mit ins Bild müsse, weil das die Authentizität des Beitrags erhöhe. Selbstredend meinte er sich. Sofort schlugen die Wellen hoch und Anjas Vorschlag wäre in Vergessenheit geraten, wenn sie ihn nicht noch dreimal erwähnt hätte, ohne dass jemand darauf einging. Beim vierten Mal stöhnte Schlips-Dirk genervt und fragte, ob sie vielleicht mal eine andere Platte auflegen könnte. Die Chefin kicherte in ihren Kräutertee.

Nach der Konferenz regte sich Anja fürchterlich darüber auf und forderte von mir die Bestätigung, dass ihre Idee gut war. Ich bemühte mich um eine diplomatische Antwort, die sowohl Lob (ja, die Idee war zwar gut) als auch konstruktive Kritik enthielt (schwieriger Spannungsaufbau) und eine Erklärung, warum der Vorschlag nicht so gut angekommen war (aufwändige Umsetzung und fraglicher Erfolg). Ich sparte mir den Hinweis, dass es außerdem besser gewesen wäre, den Vorschlag nicht ständig in anderen Worten zu wiederholen. Anja war schon niedergeschlagen genug. Kein Wunder: Sie hatte sich überwunden, sich öffentlich mit einer Idee zu Wort zu melden, und nicht die Zustimmung erhalten, die sie erwartet hatte. Jetzt war sie enttäuscht wie ein Kind, das der Mutter ein selbstgemaltes Bild zeigt, und nicht zu hören bekommt, wie schön es geworden ist.

Ich meine, es ist toll, eine eigene Meinung zu haben. Aber nur solange die anderen einem recht geben.

Wenn man sich in Versammlungen zu Wort meldet, besteht aber nun mal die Gefahr, dass man für das, was man sagt, keine Bestätigung oder gar Lob bekommt. Es kann sogar sein, dass andere widersprechen. Und dass man seine Idee verteidigen muss. Und am Ende vielleicht sogar aufgeben!

Viele scheuen deswegen das öffentliche Äußern von Meinungen und Ideen. Das ist schade. Weil man sich damit selbst in die Schranken weist und sich um die Chance bringt, mit einem guten Vorschlag zu punkten. Denn wenn die erste Idee nicht auf Gegenliebe stößt, dann vielleicht die nächste oder übernächste.

Man sollte sich nicht entmutigen lassen!

Um so zu tun, als bräuchte man keine Zustimmung von anderen, hilft vielleicht, sich die ganze Sache als Tennisspiel vorzustellen. Wenn man beim Tennis den Ball ins Aus gehauen hat, geht man ja auch nicht vom Platz, sondern spielt weiter. Und irgendwann macht man seinen Punkt und gewinnt vielleicht sogar ein Spiel. Aber wenn man das Match verliert, ist das auch kein Beinbruch. Man hat Erfahrungen gesammelt. Und kann seine Qualitäten als guter Verlierer unter Beweis stellen.

Ich finde ja andere Leute auch nicht blöd, nur weil sie einen Vorschlag machen, der aus irgendeinem Grund nicht umgesetzt werden kann. (Außer Schlips-Dirk natürlich, diesen eitlen Fatzke, der seine schmierige Gelfrisur unbedingt in die Kamera halten will.) Niemand äußert ausschließlich brillante Vorschläge, aber nur sich selbst ist man bereit, dafür des Spielfelds zu verweisen. Wenn man aber so tut, als bräuchte man keine Zustimmung von anderen, fängt die ganze Sache sogar an, Spaß zu machen. In dem Moment, in dem man sich selbst von dem Anspruch befreit (oder zumindest so tut), für jeden Wortbeitrag positive Resonanz bekommen zu müssen, kann man befreit aufspielen. Und die Gefahr ist kleiner, sich auf der Jagd nach Lob um Kopf und Kragen zu reden. Die Dauer eines Redebeitrags ist nämlich ebenfalls von entscheidender Bedeutung, wenn man so tun möchte, als wäre man von seiner Meinung überzeugt. Deswegen ist es wichtig …

Einfach mal so tun, als gäbe es nichts hinzuzufügen

Manche behaupten, Frauen redeten nur deswegen so viel, weil man Männern alles hundert Mal erklären muss. Das lass ich mal unkommentiert so stehen.

Definitiv gibt es haufenweise Gründe, warum manche kein Ende finden und immer weiterquasseln. Die Erwartung einer bestimmten Reaktion auf das, was man sagt, ist sicher eine der häufigsten Fallen, die zum Dauerreden verführt. Anja wollte unbedingt recht bekommen, weswegen sie es nicht lassen konnte, ihre Idee immer wieder zu präsentieren.

Andere legen ihre Befindlichkeiten in allen Schattierungen dar, weil sie glauben, ihre Gemütsverfassung sei von nationalem Interesse. Manche wissen nicht mehr, was sie anfangs gesagt haben und worauf sie hinauswollten und wo überhaupt dieser verdammte rote Faden schon wieder abgeblieben ist. Dann gibt es welche, die sich einfach selbst gern reden hören oder schlichtweg mit ihrem Wissen angeben wollen. Ein Freund von mir namens Max war mal Pizzabote und hat in der Zeit eine unüberwindliche Abneigung gegen geschmolzenen Käse und eine veritable Kenntnis über die besten Schleichwege in Köln erworben. Besser als jedes Navi weiß er, wo man um welche Uhrzeit am besten durchkommt, und welche Straßen unbedingt zu meiden sind. Trotzdem sollte man nicht den Fehler machen, ihn nach dem Weg zu fragen. »Fahr über die Rheinuferstraße bis zur Maternusstraße, dann rechts und über die Trajanstraße. Oder du kannst um diese Zeit auch die Vorgebirgsstraße nehmen und auf die Volksgartenstraße einbiegen. Eine andere Möglichkeit ist …« Spätestens nach der dritten Wegbeschreibung ist man froh, wenn man noch weiß, wo man sich im Moment befindet.

Die Wirkung eines Wortbeitrags wird nicht größer, wenn er länger dauert. Im Gegenteil. Je mehr Wörter, je mehr Informationen, desto schwieriger wird es, dem zu folgen.

Am schlimmsten ist, wenn man versucht, diese Informationsflut in möglichst kurzer Zeit an den Mann zu bringen. Wenn jemand sehr schnell redet, können die Zuhörer nicht nur schlecht folgen, sondern bekommen ja vom Redner signalisiert, dass er sich selbst keine Zeit einräumt. *Reden ist Silber, langsam und pointiert Reden ist Gold.* Übermäßige Details und vor allem Wiederholungen sollte man sich sparen. Außer natürlich, man lästert mit der Freundin über die Kandidaten seichter Realityshows ab, da kann man nicht oft genug sagen: »Wie kann man nur so blöd sein.«

Überschwängliche Beteuerungen machen einen auch nicht glaubwürdiger, als eine einmalige Erklärung, warum einem etwas gefällt oder was wie gelaufen ist. Sagen, was man zu sagen hat. Und dann. Einfach mal. Die Klappe halten.

Einfach mal so tun, als ließe man sich nicht aus der Ruhe bringen

Ich bin jemand, der sich schnell gehetzt fühlt. Von nervösen Omas, die mir an der Kasse ihren Einkaufswagen in den Hintern rammen. Von aufgeregten Pauschaltouristen, die beim Sicherheitscheck am Flughafen ständig »warum geht das denn nicht schneller« murmeln. Von aggressiven Autofahrern, die einem bis auf die Stoßstange auffahren, nur weil man die vorgeschriebene Geschwindigkeit einhält. Für die Hektik anderer Menschen bin ich total empfänglich. Ich fühle mich unter Druck, werde fahrig und nervös und verliere mein Ziel aus den Augen. So auch bei meiner Redaktionsleiterin. Sie ist eine Abkanzlerin. Sie macht stets den Eindruck, dass sie einen auf der Stelle loswerden will. Das fängt schon damit an, dass sie total beschäftigt wirkt, wenn man in ihr Büro reinkommt. Was das für unheimlich dringende Arbeit sein soll, kann ich nie so genau erkennen. Gut, ab und zu telefoniert sie. Wobei ich mir manchmal nicht sicher bin, ob an der anderen Leitung jemand dran ist. Meistens guckt sie wichtig auf ihr Handy oder ihren Computer und trinkt angeblich harmonisierenden Kräutertee. Dabei hält sie die Tasse so, dass man die Aufschrift darauf lesen kann. Sie hat eine ganze Kollektion an Tassen mit Botschaften, die unter der Kategorie »Spaßtassen« verkauft werden. Bei uns Mitarbeitern kommen sie allerdings nicht ganz so spaßig an. Könnte an den Aufschriften liegen. Da sind so Sachen dabei wie: *Ich komme aus Ironien. Das ist ein Land am sarkastischen Meer.* Und natürlich die *Du bist lustig, dich töte ich zuletzt*-Tasse. Wenn sie aus der trinkt, fühle ich mich in Versuchung, vor ihren Augen eine Runde zu steppen. Dabei kann ich gar nicht steppen. Ich muss jedenfalls immer an einen Tanzbären denken, der zum allgemeinen Amüsement auf dem heißen Blech zappelt, und erst lachen alle und dann wird er doch erschossen. Anja und ich sind derselben Meinung, dass diese Tassen verstörend sind. Gesagt hat es der Redaktionsleiterin noch keiner.

Zurück zum Abkanzeln. Ich komme also in ihr Büro rein und frage: »Passt es gerade oder soll ich später wiederkommen?«

Sie tippt ein paar Mal hektisch auf ihre Tastatur und murmelt, ohne den Monitor aus den Augen zu lassen: »Schon okay. Schieß los.« Sie bietet mir keinen Platz an, deswegen bleibe ich stehen. Sie nimmt einen langen Schluck aus ihrer Tasse und beobachtet mich über den Rand, während ich mich beeile, meine Frage vorzubringen, und gleichzeitig versuche, mich von der Tassenbotschaft nicht aus dem Konzept bringen zu lassen. Das ist nicht einfach. Sie hat eine neue, auf der steht *Burn-out ist was für Anfänger, ich hab Fuck-off*.

»Äh … ich habe zwei Fragen zu dem Beitrag über das Planfeststellungsverfahren.«

Die Chefin sackt ein bisschen innerlich zusammen.

»Wir könnten den O-Ton von der Bürgerinitiative kriegen. Der Vorsitzende ist allerdings nicht besonders telegen und kommt nicht immer auf den Punkt.«

Sie stöhnt ein bisschen, als ob das auch auf mich zutreffen würde. Ich erkläre hastig, warum es meiner Meinung nach wichtig ist, die Bürgerinitiative drin zu haben. Die Chefin schielt auf ihren Monitor, als ob da gerade eine ganze Reihe Eilmeldungen reinkommen, und ich weiß nicht, ob sie mir überhaupt noch folgt, ich lasse einen Informationsschwall auf sie niederprasseln und frage atemlos: »Also, soll ich mit dem Kamerateam rausfahren?«

Sie guckt mich kurz an, hält ihre Tasse wie einen Schlagring in meine Richtung und sagt: »Ich verlass mich da auf dich.« Dann wendet sie sich ihrem Telefon zu. Einen Moment verharre ich unschlüssig. Einerseits geschmeichelt, weil sie mir ihr Vertrauen schenkt, andererseits bin ich immer noch nicht schlauer. Aber da fängt sie schon an zu telefonieren, und mir bleibt nichts anderes übrig, als zu gehen. Erst als ich draußen bin, wird mir klar, dass das ganze Gespräch bei mir nur eines bewirkt hat: massiven Stress. Einmal wegen des unangenehmen Gesprächs an sich und zum zweiten wegen der Ungewissheit. Weil wir keine klare Absprache getroffen haben, was eigentlich mein Ziel gewesen war, kann es sein, dass sie mir bei der Abnahme den Beitrag um die Ohren hauen wird. Und warum? Weil ich mich aus der Ruhe bringen und von ihren nonverbalen Aufforderungen herumkommandieren habe lassen – und ich mich deswegen mit einer vagen Antwort habe abspeisen lassen.

»Das lasse ich mir nicht mehr gefallen«, stöhne ich, als ich zu Anja zurückkomme. »Ich werde ab jetzt so tun, als ob ich mich nicht aus der Ruhe bringen lasse.«

Als Erstes werde ich so tun, als ob ich ihre nonverbalen Signale, mich zu verpissen, gar nicht verstehen würde. Natürlich sehe ich die hektischen Seitenblicke, das genervte Augenrollen – aber ich werde darauf nicht mehr mit Hektik reagieren. Ich meine, weiß ich denn wirklich genau, ob sie mich damit loswerden möchte, oder ist das nur eine bescheuerte Angewohnheit von ihr? So wie bei Jasmin, die in der Konferenz immer ihre Haarsträhnen zwirbelt. Oder Schlips-Dirk, der an seinen Fingernägeln kaut.

Was weiß ich denn, was die Chefin mit ihrer exzentrischen Gestik ausdrücken möchte.

Wenn sie keine Zeit hat, soll sie es sagen. Das rede ich mir jetzt immer mantramäßig ein, wenn ich vor ihr stehe. Und gleichzeitig habe ich die ganze Zeit mein Ziel klar vor Augen. Mein Ziel ist, von ihr eine konkrete Antwort zu bekommen. Ich stelle mir mein Ziel als Keksdose auf dem Schrank vor. Ohne die Keksdose werde ich ihr Büro nicht verlassen, da kann sie noch so sehr versuchen, mich abzuwimmeln.

Ich frage meine Chefin solange, bis ich meine Keksdo… äh … Antwort bekommen habe. Dann fasse ich unsere Absprache noch-mal zusammen, damit es auch kein Missverständnis gibt. Hat schon ein paar Mal sehr gut geklappt. Und wer weiß – vielleicht traue ich mich demnächst auch, sie direkt darauf anzusprechen, was sie für unangenehme Signale aussendet. Aber das steht in einem anderen Kapitel. Genauer in »Faken und Konflikte«.

So zu tun, als ließe man sich nicht aus der Ruhe bringen, ist eine sehr wichtige Fake-Taktik. Wenn Kollegen im Meeting mit ihren Handys rumspielen, höhnisch gucken oder andere vermeintliche Signale von Langeweile oder Spott aussenden – einfach ignorieren und vor allem nicht auf sich beziehen. Wahrscheinlich denken sie gerade daran, wen sie bei *Fortnite* eliminieren wollen. Oder was sie zum Mittag essen wollen. Sich eine andere Interpretation für ihre nonverbalen Zeichen zurechtzulegen, kann helfen, sich nicht verrückt machen zu lassen.

Wobei das mit dem »sich nicht aus der Ruhe bringen lassen« manchmal schwierig ist. Denn Kollegen, Kunden, Chefs bekommen gelegentlich einen besonders perfiden Verbündeten, den man ihnen auch noch selbst an die Seite stellt: das eigene autonome Nervensystem. Es sorgt dafür, dass die Stimme zittert oder sich die Blutgefäße in der dünnen Gesichtshaut weiten, und schwupps, wird man rot bis knallrot, manchmal nur stellenweise, was dann ein hübsches Fleckenmuster gibt, auf das die Milkakuh neidisch werden könnte. Ich kenne das. Selbst wenn ich mich kaum nervös fühle, bekomme ich hektische Flecken. Früher habe ich mir bei Referaten oder anderen Auftritten gern mal ein Tuch um den Hals geschlungen. Da das aber unter Umständen noch seltsamer aussieht, zum Beispiel, wenn es draußen 30 Grad warm ist, habe ich es irgendwann gelassen. Heute tue ich so, als wäre es mir egal. Es gehört zu mir, das wird sich nicht mehr ändern, so what? Je öfter ich mir eingeredet habe, ist mir egal, dass man mir Nervosität ansieht, desto mehr schrumpfte die Angst davor. Und jede Angst, die man besiegt, ist ein Meilenstein auf dem Weg zur Gelassenheit. Dazu gehört übrigens auch die Angst vor der Gesprächspause. Ich weiß, das klingt lächerlich. Gesprächspausen gehören ja nicht gerade zu den schillerndsten Vertretern von Phobie und Horror. Und trotzdem möchte ich ihnen hier einen eigenen Abschnitt widmen. Denn die Gesprächspause ist eine hinterhältige Schlange, die einen dazu bringt, sich hemmungslos zu verplappern. Weswegen man eines lernen sollte …

Einfach mal so tun, als wäre Schweigen nicht schlimm

Ich hatte mal einen Redakteur, der hatte eine sehr nervige Angewohnheit. Er rief bei mir an, meldete sich mit Namen und sagte dann – nichts! Brauchte er auch nicht, weil ich anfing zu plappern, als bekäme ich alleine das bezahlt. Unaufgefordert erzählte ich von den Ergebnissen meiner Recherche, den Schwierigkeiten beim Dreh und, weil er sich immer noch einsilbig gab, fügte ich auch noch die Auseinandersetzungen mit der Cutterin hinzu und versprach zudem, den Internettext bis morgen fertig zu machen, obwohl ich eigentlich gar keine Zeit dafür hatte. Irgendwann legte ich völlig erschöpft auf und fragte mich, was mich geritten hatte, so viel preiszugeben. Keine Frage – die Gesprächspause war's!

Nichts ist so mitreißend und gesprächsanregend wie Schweigen. Jedenfalls für Frauen. Männer mögen sich wortkarg geben und in totaler Funkstille wohlfühlen (solange sie nicht das WLAN betrifft), Frauen verführt eine Gesprächspause zu mehr Redseligkeit als ein Eimer Caipirinha. Ich weiß nicht, woran das liegt. Ob es ein Zeichen allgemeiner Unsicherheit ist oder ob Frauen die Verantwortung für das Schweigen bei sich suchen oder ob sie einfach keine Gelegenheit für ein Gespräch ungenutzt verstreichen lassen wollen. Ist aber auch egal, was der Hintergrund ist, es ist jedenfalls eine sehr dumme Angewohnheit.

Bevor man also sinnlos vor sich hinplappert, prekäre Geheimnisse ausplaudert oder unliebsame Jobs übernimmt, nur weil der Gesprächspartner die Dreistigkeit besitzt, kaum was zu sagen, sollte man sich mal überlegen, wie schlimm Schweigen eigentlich ist. So auf einer Problemskala von 1 (das Eis schmilzt in seiner Waffel dramatisch vor sich hin, sodass man richtig schlingen muss) bis 800 (Triebwerkausfall über dem Atlantik). Da landet man dann irgendwo zwischen 3 (*Gestern*? Ich dachte, das Finale des Bachelors wäre heute!) bis 4 (Nutella ist alle). Deswegen sollte man sich viel öfter sagen, dass Schweigen gar nicht schlimm ist. Und einfach mal so tun, als wäre es kein Problem. Machen Männer ja auch. Wenn einem während des Schweigens langweilig wird, kann man sich ja vorstellen, man säße an einem Lagerfeuer im Wilden Westen.

Einfach mal so tun, als könnte man das

Man stelle drei Männer und drei Frauen vor eine Dartscheibe. Die Männer packen die Pfeile, als ob sie geradewegs aus dem Darts-Trainingslager in einem englischen Pub kämen, und egal, ob sie ins Auge des Bullen treffen oder nicht, sie schleudern kraftvoll die Pfeile auf die Scheibe, oder zumindest in die Richtung, klopfen sich gegenseitig auf die Schultern und haben Spaß.

Frauen dagegen lachen verlegen und verkünden noch vor dem ersten Probewurf: »Aber ich kann das doch sowieso nicht.« Das wirkt ansteckend und die anderen Mädels, die dabei sind, rufen im Chor: »Ich kann das auch nicht.« Und um allen zu beweisen, dass sie mit ihrer Ankündigung recht haben, werfen sie den Pfeil mit der Energiearmut eines flügellahmen Geiers in einer ausgedörrten Wüste. Wenn der Pfeil es überhaupt bis zur Dartscheibe schafft, prallt er vermutlich dort ab und kullert zu Boden. Dann kann die Frau mit Recht sagen: »Seht ihr, hab ich ja gesagt.«

Getreu dem Motto: *Man kann nicht versagen, wenn man es gar nicht erst versucht.*

Dieses Self-fulfilling-prophecy-Versagen betrifft nicht nur den Bereich des Freizeitsports, sondern viele Bereiche. Besonders fatal ist, dass Frauen auch im Job viel öfter Zweifel über ihr Können kundtun als Männer. Selbst, wenn sie sich eine Aufgabe durchaus zutrauen, schrauben sie im Vorfeld die Erwartungen runter, indem sie Sachen sagen wie *Ich kann das ja mal versuchen* oder *Ich hoffe, ich kriege das hin.*

Sowas verunsichert natürlich auch Vorgesetzte. Deswegen ist es auch hier besser, Selbstzweifel für sich zu behalten und einfach öfter mal so zu tun, als könnte man das. Yes, we can – hat Obama zum Präsidenten der Vereinigten Staaten gemacht.

»Ja, ich kann das«, sollte zumindest dafür sorgen, dass man in seinem Job ernstgenommen wird. Wenn sich herausstellt, dass sich das Projekt anders entwickelt als gedacht oder man aus welchen Gründen auch immer nicht zurechtkommt, kann man immer noch um Unterstützung bitten.

Und was Darts und anderen Freizeitsport angeht: Wenn man da sagt »Na, klar kann ich das«, versucht man es auch ernsthaft. Und wenn man es ernsthaft versucht, macht es tatsächlich viel mehr Spaß. Darauf kommt es doch an. Und nicht darauf, ob man am Ende gewinnt oder verliert. Verlieren ist das Stichwort für den letzten Abschnitt in dem Kapitel »Faken & Leistungsdarstellung«. Denn letzten Endes lassen wir uns nur deswegen so ins Bockshorn jagen, weil wir Angst vor dem Scheitern haben. Aber wie sagt man noch: »Scheitern ist nicht das Gegenteil von Erfolg. Es ist ein Teil davon.« Passend zu dieser schönen Postkarten-Weisheit folgt also das Kapitel …

Einfach mal so tun, als hätte man keine Angst vorm Scheitern

Ich habe ein Exposé für einen Roman in meiner digitalen Schublade, das ich vor etlichen Jahren geschrieben habe. Der Roman heißt »Die Fettnäpfchen-Diät«. Darin geht es um Luise, die aus Versehen ein freizügiges Foto, das für ihren Verlobten bestimmt war, an ihren Kollegen schickt. Luise fühlt sich grauenhaft, die Scham brennt ihr ein heißes Loch in den Magen, sie kann tagelang kaum was essen. Dann stellt sie auf einmal fest, dass sie zwei Kilo abgenommen hat und auf dem besten Weg ist, in ihr Traum-Hochzeitskleid zu passen, das es nur in einer sinnlosen (weil viel zu kleinen) italienischen Größe gibt. Das Glück im Unglück begeistert Luise. Sie beschließt, eine Fettnäpfchen-Diät zu machen, natürlich mit ungeahnten Folgen.

So weit, so seicht.

Wie bin ich auf die Idee zu diesem Roman gekommen? Zum Glück nicht, indem ich ein freizügiges Foto an den falschen Adressaten geschickt habe. Aber mir ist ein anderer Fehler unterlaufen, der mich ein paar Tage durch die Hölle der Selbstmarterung gehen ließ. Bis ich dachte, hm, mal sehen, was sich aus dieser unangenehmen Sache Positives machen lässt – und da kam mir die Romanidee zur »Fettnäpfchen-Diät«. Gut, das ist vielleicht kein brillantes Beispiel, schließlich war das Buch kein internationaler Bestseller und wurde nicht mit Drew Barrymore in der Hauptrolle verfilmt. Ehrlich gesagt, habe ich den Roman nicht mal fertig geschrieben, weil mir meine Agentin auf ihre zauberhaft charmante Art klargemacht hat, dass die Story … hüstel … ein bisschen dünn ist.

Ich schreibe dieses Beispiel deswegen, weil es eine Art ist, mit Niederlagen umzugehen. Denn letzten Endes kommt es nicht darauf an, keine Fehler zu machen. (Was man manchmal leider gar nicht verhindern kann!) Es kommt darauf an, aus seinen Fehlern die richtigen Schlüsse zu ziehen. Denn jeder Fehler birgt die Möglichkeit, sich zu verbessern. Zu lernen. Neu anzufangen.

Natürlich kommt vorher die Selbstmarterungsphase, in der man sich wünscht, es wäre nie geschehen und man hätte ganz anders und überhaupt, wie konnte ich nur! Aber wenn es diese Phase nicht gäbe, hätte man auch keinen Grund, sich zu ändern. Ohne Leidensdruck kein Ansporn zu Verhaltenskorrektur. Und die Gewissheit, dass man einen Fehler nicht ein zweites Mal macht, ist doch auch was wert. Ich hab mir sagen lassen, man nennt das auch Erfahrung.

Scheitern kann also – bei allen unangenehmen Begleiterscheinungen – auch etwas wirklich Positives bewirken. Wie heißt es so schön: Man muss erstmal jung und blöd sein, um alt und weise zu werden. Da ich bis zum Alt-und-weise-Stadium noch ziemlich viel lernen muss, kann ich also gar nicht genug Fehler machen. Zwinker-Smiley!

Nein, im Ernst:

Natürlich versuche ich, Fehler zu vermeiden. (Ich muss zum Glück auch nicht in ein italienisches Designer-Hochzeitskleid reinwachsen.) Aber ich versuche, mich nicht durch die Angst vorm Scheitern lähmen zu lassen. Wer nichts wagt, entwickelt sich nicht weiter. Wer immer auf den Wegen bleibt, die er schon kennt, verpasst neue, großartige Ausblicke. Wer immer nur tut, was er schon kann, bleib immer, was er schon ist. Und wer nicht aufhört, mit halbgaren Lebensweisheiten um sich zu schmeißen, muss bald eine Karriere als Motivationstrainerin antreten und zukünftig mit Headset ausgestattet über die Bühne des Gemeindesaals Pusemuckel turnen und den Mitgliedern der Landwirtschaftskammer Großkotzenhausen Parolen wie »Auf einem abgebrannten Feld kann man Neues säen« entgegenschleudern. Interessanter Plan B für den Fall, dass das mit diesem Buch hier nichts wird.

Wie sagte Erich Kästner? »Auch aus Steinen, die dir in den Weg gelegt werden, kannst du etwas Schönes bauen.«

Durchsetzen von eigenen Interessen

Des Teufels Anwalt

Neulich bekam ich eine Mail von meiner Lektorin zum neuen Titel meines Romans, den der Verlag sich ausgedacht hatte. Ich fand den Titel unpassend und unverständlich. Ich mochte ihn nicht und hätte lieber einen anderen gehabt. Ich setzte mich hin, um eine Antwort zu formulieren.

Liebe Frau Lektorin,
vielen Dank für Ihre Mail. Ich weiß, dass es zum großen Teil reine Geschmackssache ist, aber ich muss leider gestehen, dass ich nicht wirklich von dem neuen Titel überzeugt bin. Es tut mir so leid! Ich finde, dass der Titel dem Inhalt vielleicht einen Tick zu wenig entspricht und außerdem nicht griffig genug ist. Ich weiß nicht, ob er dem Leser genug Anreiz gibt, das Buch überhaupt in die Hand zu nehmen. Andererseits weiß man ja

sowieso immer erst hinterher, ob der Leser ein Buch gut annimmt oder nicht. Vielleicht finden die Leser den neuen Titel auch toll! Ich meine, Sie als Verkaufsprofis haben da sicher noch mehr Dinge beachtet. Außerdem wissen Sie ja, was beim Buchhandel am besten ankommt.
Ich persönlich finde dennoch, dass der bisherige Titel viel knackiger war. Und ich entschuldige mich nochmal dafür, dass ich die Begeisterung nicht teilen kann.
Mit lieben Grüßen…

Die Antwort fiel freundlich, aber klar aus:

Wir wollen gerne bei dem neuen Titel bleiben. Wie Sie schon erwähnten, denken wir, dass er beim Leser und beim Buchhandel gut ankommen wird.

Als ich mich bei meinem Mann darüber beschwerte, dass der Verlag meiner Meinung so wenig Gewicht beigemessen hatte, warf er einen Blick auf meine Mail und meinte: »Wieso wunderst du dich? Du hast dich nicht nur für deine Meinung entschuldigt, sondern der Gegenseite auch gleich fünf Argumente geliefert, warum sie nichts wert ist. Das ist so, als ob du bei einer Schneeballschlacht auch noch Schneebälle für den Gegner formst.«

Ich schaute mir meine Mail genauer an – tatsächlich. »Ist mir ja noch nie aufgefallen«, wunderte ich mich.

»Das machst du andauernd«, sagte mein Mann noch. »Du willst was erreichen, kämpfst aber auch für die Gegenseite. Du bist dein eigener Advocatus Diaboli.« Dann fuhr er mit den Kindern schwimmen und ließ mich mit meiner Verwirrung allein. Als Erstes schlug ich den Begriff Advocatus Diaboli nach. Eigentlich geht der Begriff des »Anwalts des Teufels« auf die katholische Kirche zurück, in der bei Prozessen um die Heiligsprechung einer Person der Advocatus Diaboli Gründe *dagegen* vorbringen soll. Aber mittlerweile benennt der Begriff eine allgemeine rhetorische Technik beziehungsweise Diskussionsmethode. Der Duden schreibt: »Jemand, der [...] mit seinen Argumenten die Gegenseite vertritt, ohne selbst zur Gegenseite zu gehören.«

Pah, dachte ich, das mache ich doch gar nicht. Auf jeden Fall nicht dauernd! Mein Mann übertreibt mal wieder. Noch voller Ärger fuhr ich in die Stadt, um eine Jacke umzutauschen. Ich stellte mich in die endlos lange Schlange an der Kasse. Und als ich endlich dran war, sagte ich: »Ich würde das gern umtauschen, wenn das noch geht. Ich habe die Jacke aber schon vor drei Wochen gekauft.«

Die Verkäuferin sah mich kurz an und sagte: »Nee, das geht nicht mehr. Umtauschfrist sind zwei Wochen. Der Nächste, bitte.«

Da musste ich erst mal einen großen Latte macchiato trinken als Begleitung für das große Stück Schokotorte. Verdammte Hacke. Tatsächlich!

Als hätte ich nicht genug damit zu tun, *meine eigene Position zu verteidigen*, nehme ich gleichzeitig auch noch die Position des anderen ein. Lege ihm die Worte in den Mund, die man braucht, um mein Ziel zu torpedieren! Als wollte ich es gar nicht unbedingt erreichen! Als ich länger drüber nachdachte, fielen mir haufenweise Situationen ein, in denen ich mich als mein eigener Advocatus Diaboli aufgeführt habe.

»Ich wollte fragen, ob es eine Chance gibt, in Ihrer Kita einen Platz zu bekommen. Wir wohnen allerdings in einem anderen Stadtteil.«
(Aus welchem Stadtteil sind Sie denn? Nein, von dort nehmen wir keine Kinder.)

»Ich finde, die Fliesen sehen an der Stelle unsauber verarbeitet aus. Oder liegt das daran, dass die Fliesen nicht alle exakt gleich sind?«
(Ja, das liegt daran.)

»Ich weiß, dass es hier unbequem eng ist, besonders für jemanden wie Sie, der so groß ist. Aber würden Sie bitte die Füße von meiner Rückenlehne nehmen, wenn es Ihnen nichts ausmacht?«
(Es macht mir aber was aus.)

Ich ertappe mich immer wieder dabei, meinem Gegenüber Argumente zu liefern, die meinem Ziel entgegenstehen. Wer aber sein eigener Advocatus Diaboli ist, kann sich auch gleich selbst ins Knie schießen. Verhandlungstaktisch gesehen.

Leider ist der Advocatus Diaboli nur einer der Diener des mächtigen Fürsten der Hölle der Kommunikation. Und dieser schreckliche Fürst heißt: vorauseilender Gehorsam.

Vorauseilender Gehorsam

Der vorauseilende Gehorsam ist ein ganz hinterhältiger Geselle. Weil er einen dazu verleitet, freiwillig Leistungen zu erbringen und sich an Vorgaben zu halten, die niemand explizit einfordert. Der vage Verdacht, man könnte gegen irgendeine Regel verstoßen oder Unannehmlichkeiten bereiten, reicht schon aus, um sich vor Beflissenheit zu überschlagen. Man erfüllt Erwartungen, die man, wenn man es sich genau überlegt, nur sich selbst gegenüber formuliert hat. Man bringt Einwände vor, die den eigenen Interessen widersprechen.

Der vorauseilende Gehorsam ist dabei nicht nur ein dunkler Begleiter im Job, sondern auch im Privatleben, wo er dafür sorgt, dass sich (besonders häufig) Frauen für die Familie aufreiben, indem sie es allen recht machen wollen und dabei komplett ihre eigenen Bedürfnisse vergessen. Diese Erkenntnis legte ich neulich Anja dar und erwartete, dass es ihr ein Aha-Erlebnis bescheren würde, aber sie starrte abgelenkt auf ihren Computermonitor und biss sich auf der Lippe rum. »Was ist los?«, fragte ich.

»Ich soll für meinen Vater einen Termin für den Kernspin machen«, erklärte sie. »Aber auf der Internetseite vom Krankenhaus steht nur die Nummer vom Chefarzt.«

»Und?«

Sie schaute mich verdutzt an. »Ich kann doch nicht beim Chefarzt anrufen. Wegen eines *Termins*.«

»Warum nicht?«

Sie schaute mich an, als würde ich auf einmal Finnisch sprechen. »Pff«, machte sie. »Der hat ja wohl Wichtigeres zu tun.«

»Aber du sprichst doch garantiert nicht mit ihm persönlich, sondern mit seiner Sekretärin.«

»Trotzdem. Die hat bestimmt auch Wichtigeres zu tun.«

»Anja, wenn die Nummer vom Chefarzt im Internet steht, dann darfst du da auch anrufen.«

»Bist du wirklich sicher?«, fragte sie immer noch zweifelnd. »Ich weiß nicht.«

Die Autorität eines Chefarztes reicht sogar ins World Wide Web und bringt einen dazu, seine eigenen Interessen zu verraten. So hat sich Anja im vorauseilenden Gehorsam zusätzlich zu dem Problem eines grummeligen Vaters mit Knieschmerzen auch noch das Problem des Chefarztes mit den lästigen Anrufen von Patienten aufgehalst. Sie steckt im Zwiespalt zwischen ihren eigenen Interessen und denen der anderen (selbst wenn sie nur eingebildet sind). Und in diesem Zwiespalt ist es ungefähr so gemütlich wie in einer Gletscherspalte. Höchste Zeit, ein bisschen zu faken. Und …

Einfach mal so tun, als gingen einen die Probleme anderer nichts an

Wie so viele Frauen muss ich Job, Kinder, Haushalt, Garten, Hund stemmen. Ich muss Freundschaften pflegen, die Verwandtschaft nicht enttäuschen, in der Schule Elterninteressen vertreten und Kuchen für Sportfeste backen.

Ich habe genug Probleme.

Ich brauche nicht auch noch die der anderen.

Wieso sollte ich sie mir also zu eigen machen?

Seit mir das klargeworden ist, überlege ich mir vorher, was mein Ziel in einem Gespräch ist. Ich stelle mir die einfache Frage: Wo liegt mein Problem und wie kann ich es lösen? Und dann tue ich so, als ob mir die Interessen der anderen egal sind und ich über Gegenargumente nicht das Geringste weiß. Dazu vermeide ich besonders jene Sätze, bei denen der andere nur Teile aufgreifen muss, um mir zu widersprechen. Keine Schneebälle für die Gegner!

So bin ich zu unserem neuen Kinderarzt gekommen. In Köln ist es nicht leicht, in einer der überfüllten Praxen angenommen zu werden. Sprechstundenhilfen sind die neuen Türsteher. Wo man früher bibberte, ob man in die angesagte Disco gelassen wird, muss man heute an der Arzthelferin vorbei. Die Kinderärztin in unserem Stadtteil hat meiner Meinung nach ihren Beruf verfehlt, weil sie Kinder zwar behandelt, aber nicht mit ihnen redet. Also rief ich bei einer

Praxis in einem weiter entfernten Stadtteil an, die mir von einem Bekannten empfohlen worden war. Früher hätte ich sowas gefragt wie: »Wir waren noch nie bei Ihnen und würden gern zu Ihnen kommen, aber wir wohnen weiter weg. Geht das trotzdem?«

Das habe ich dieses Mal nicht gemacht. Ich bat einfach um einen Termin und beharrte darauf, dass ich keine andere Möglichkeit hätte, zu einem anderen Kinderarzt zu gehen. Es klappte! Als wir zum ersten Mal in der Praxis waren, sagte die Kollegin erstaunt, dass sie eigentlich keine Patienten aus unserem Stadtteil nehmen würden. Ich blieb einfach dabei, dass ich ja nun den Termin bekommen hätte, und tat so, als ob mich die Überfüllung der Patientenkartei nichts anginge. Jetzt sind wir drin.

Es ist wirklich erstaunlich, wie gut es funktioniert, wenn man sich auf sein Ziel konzentriert und sich nicht gleichzeitig für die Interessen der anderen starkmacht. (Was wirklich bescheuert ist, wenn man es sich genau überlegt.)

Wenn ich erreichen will, dass der Handwerker erst um zehn Uhr kommt, weil ich vorher noch andere Sachen machen muss (selbst wenn es nur Ausschlafen ist), dann ist es kontraproduktiv, höflich darum zu bitten und die Möglichkeit einzuräumen, dass er doch um acht Uhr kommt. Und man selbst Stress hat! Ich ahne zwar, dass es für den Monteur unpraktisch ist, wenn er erst um zehn Uhr bei mir anfangen kann, weil es sich für ihn nicht lohnt, vorher auf eine andere Baustelle zu fahren. Aber das ist nun mal nicht mein Problem. Es ist mein Recht, dem Handwerker erst um zehn Uhr die Tür zu öffnen. Wenn es ihm nicht passt, soll er einen anderen Tag vorschlagen, an dem es auch bei mir um acht Uhr morgens geht. Der Chefarzt findet die Patienten nervig, die andauernd anrufen? Soll er eine andere Nummer ins Internet stellen. Empathie ist eine schöne Sache. Aber nicht, wenn es um das Durchsetzen von eigenen Interessen geht.

Also: Sich klar werden über die eigenen Interessen, und so tun, als ob die Probleme der anderen einen nichts angehen. Klingt simpel, aber ich habe das schon sehr oft falsch gemacht – und mich deswegen unnötig unter Druck gesetzt. Der wichtigste Trick dabei ist …

Einfach mal so tun, als wäre es keine Frage

Wenn man pünktlich von der Arbeit nach Hause muss, ist die Wahrscheinlichkeit, dass die Chefin was dagegen hat, viel größer, wenn man es als Frage formuliert. »Könnte ich heute bitte pünktlich gehen, weil ich mit den Kindern noch einen Termin habe?«

»Das ist schlecht, heute Nachmittag kommt noch das Controlling.«

Was soll man darauf sagen? Ich muss aber trotzdem gehen? Klingt doof. Aus der Nummer kommt man nicht mehr geschmeidig raus. Viel einfacher ist es, wenn man von vornherein sagt: »Ich muss heute pünktlich weg. Es geht nicht anders.«

Es ist nämlich keine Frage, ob man gehen muss. Man muss gehen. *Wenn man es aber als Frage formuliert, gibt man dem anderen die Macht über die Entscheidung.*

Als Freiberuflerin bin ich in der Lage, über meine Zeit selbst zu verfügen. Ich kann mir also selbst freigeben, wenn ich es für sinnvoll erachte (und mir leisten kann). Was sich wie eine luxuriöse Lage anhört, kann sich in einen Fluch wandeln. Denn es gibt so viele sinnvolle und gute Möglichkeiten, seine Zeit anders zu verbringen als mit dem Schreiben von Büchern.

Allein die Mithilfe in der Schule könnte ein Halbtagsjob sein: Lehrer suchen Lesemütter, Leute, die den Aufbau für das Schulfest und den Sponsorenlauf machen, Zeitnehmer für die Bundesjugend-spiele, Begleiter bei Martinszug, Schwimmunterricht und Ausflü-gen, Büchereimitarbeiter und und und. Und weil ich verstehe, wa-rum die Lehrer das nicht alles alleine schaffen können und es ja auch den Kindern zugutekommt, helfe ich gern. So hatte ich auch für eine Projektwoche in der Schule lange im Voraus meine Hilfe angeboten. Als die Projektwoche jedoch nahte, wurde mir klar, dass ich es mir nicht leisten konnte, mir einen Tag freizugeben. Ich hatte einen Abgabetermin einzuhalten, die Zeit drängte, das Manuskript war noch nicht so weit gediehen, wie ich es erwartet hatte. Der Tag, den ich in der Schule verbringen würde, würde mir sehr fehlen. Die (für mich) revolutionäre Idee kam auf, dass ich absagen könnte. Na-türlich plagte mich ein schlechtes Gewissen und ich überlegte, wie ich mein Problem vortragen könnte, sodass die Organisatoren Ver-ständnis für meine Lage äußern und mich freistellen würden. Ich wollte gewissermaßen *um Erlaubnis bitten*, doch nicht kommen zu dürfen. Mir schwebte eine Mail folgenden Inhalts vor: »Ich kann eigentlich nicht, weil ich im Moment so viel zu tun habe. Geht das irgendwie, dass Sie es auch ohne mich hinkriegen? Oder ginge es vielleicht auch, dass ich nur zwei Stunden komme und gehe, wenn alles läuft?«

Als ich das meinem Mann erzählte, blickte er mich einen Moment an, als überlege er, ob er den Rettungsdienst für Opfer von Selbst-aufopferung rufen müsste. Dann sagte er: »Nicht dein Ernst, oder?«

»Na ja«, sagte ich zerknirscht. »Ich habe meine Hilfe zugesagt, da ist das doch echt blöd, wenn ich jetzt so kurzfristig absage.«

»Und was ist, wenn die dir zurückschreiben: Sie haben sich frei-willig gemeldet, uns ehrenamtlich stundenlang zu helfen, also müs-sen Sie kommen, ob es Ihnen passt oder nicht?«

»Das machen die doch nicht«, sagte ich prustend.

»Na also«, sagte mein Mann. »Dann brauchst du sie auch nicht fragen.« Und schließlich sagte er noch etwas, was sich mir ins Hirn gebrannt hat. Es ist so simpel wie einleuchtend:

»Wer viel fragt, kriegt viele Antworten. Vor allem auch Antworten, die man gar nicht hören will.«

Das Interessante ist, dass bei solchen Entscheidungen wieder einmal die größte Hürde im eigenen Kopf besteht. Dass es nicht einfach ist, *für mich* Verständnis aufzubringen. Ich meine, für jeden anderen Arbeitnehmer hab ich natürlich Verständnis, wenn er keine Arbeitszeit verpassen kann, um irgendwo zu helfen. Wozu sowieso nur ganz wenige bereit sind. Jeder kennt das, ob in Kindergarten, Schule oder Verein: Es sind immer dieselben paar Eltern, die mit anpacken. Die Mehrheit denkt nicht im Traum daran, sich einzubringen. Und auch für diese Projektwoche hatten sich nur zwei andere Mütter gemeldet, der Rest der fünfzig Eltern nicht.

Trotzdem entpuppte sich mein innerer Zensor wieder mal als harter Brocken. Er piesackte mich mit Vorwürfen wie: Du kannst doch die Leute nicht im Stich lassen. Was ist, wenn das Projekt deswegen scheitert? Du bist schuld, wenn die anderen in Stress kommen, weil du nicht da bist. Was sollen Chef, Kollegen, Lehrer, die anderen Eltern, wer auch immer, von dir denken?

Der Punkt ist der: Es ist unwichtig, was sie denken. Ich kann nicht kommen.

Das musste ich erst in meinem Kopf klarkriegen. Kein blödes Rumgeschwurbel, keine unterwürfige Fragestellung, keine ausufernden Rechtfertigungen. Nein, eine klare Entscheidung. Ich kann nicht, ich muss absagen, es tut mir leid. In dem Moment, als ich es in meinem Kopf und später dann so vor dem Organisationskomitee formulierte, war ich total erleichtert. Natürlich widersprach niemand. Natürlich lief die Projektwoche auch ohne meine Hilfe. Was hatte ich mir wieder für einen Kopf (und damit unnötigen Stress) gemacht!

Wenn man etwas erreichen will, muss man sich vor einem Gespräch oder Mailverkehr über seine Ziele klarwerden, damit man so wenig Gelegenheit zum Widerspruch wie möglich geben kann. Und mit einer Frage – im Vergleich zu einer klaren Ansage – fordert man den Widerspruch ja geradezu heraus. Man gibt die Macht über die Entscheidung, die man für sich eigentlich schon längst getroffen hat, in fremde Hände.

Und macht sich damit unnötig Stress.

Zum Beispiel hatten wir mal eine Putzfrau, die die Qualität ihrer Leistung in Putzmittelverbrauch zu messen schien. Anstatt ordentlich zu schrubben, kippte sie literweise Desinfektionsmittel ins Putzwasser. Ich versuchte tatsächlich zunächst, es mit ihr zu klären, indem ich sie darauf aufmerksam machte, dass ihr Verhalten für die Umwelt schädlich sei, und fragte höflich, ob sie nicht mit weniger Putzmittel auskommen könnte. Wie sich herausstellte, konnte sie es nicht. (Ehrlicherweise hat sie es auch nicht geschafft, nachdem ich ihr klipp und klar gesagt hatte, dass wir das so nicht wollen. Wir haben jetzt keine Putzfrau mehr.)

Ob der Maler die Schutzdecke schlampig auf dem Boden ausbreitet, die Bäckereiverkäuferin sich keine Mühe gibt, die Tortenstücke ordentlich zu verpacken, oder der Nachbar seinen Hund in den Vorgarten kacken lässt – höfliche Fragen sind bei der Durchsetzung der eigenen Interessen weit weniger wirkungsvoll als eine klare Ansage. Zu einer klaren Ansage gehört natürlich auch, dass man sich nicht in Rechtfertigungen verstricken lässt. Ich meine, eigentlich sollte es selbstverständlich sein, dass man sich nicht dafür rechtfertigen muss, keine Hundekacke im Vorgarten haben zu wollen. Aber Selbstverständlichkeiten haben Frauen noch nie davon abgehalten, sich idiotisch zu verhalten. Und umständlich ihre Meinungen, ihren Willen, ihre Fehler oder Versäumnisse zu begründen. Im Gegenteil. Der Rechtfertigungsdrang von Frauen nimmt teilweise wunderliche Züge an. Weswegen es viel öfter angebracht ist …

Einfach mal so tun, als müsste man sich nicht rechtfertigen

Ist Ihnen schon mal aufgefallen, dass sich manche Frauen sogar dafür rechtfertigen, dass sie etwas *essen*? Wenn man mit einer Frauentruppe ins Restaurant geht, ist mindestens eine dabei, die sofort einen oder mehrere Gründe aufführt, warum es ihr jetzt und hier erlaubt ist, irgendetwas zu sich zu nehmen (schauen Sie auch mal bei »Frauen & Fake-Feelings«). Als ob sie eine *Entschuldigung* für die Nahrungsaufnahme bräuchte, erläutert sie den anderen haarklein, dass sie heute erst ein Brötchen, zwei Äpfel und eine Möhre gegessen hat, mittags nicht in der Kantine essen war, außerdem schon anderthalb Stunden inlineskaten gewesen und überhaupt in letzter Zeit kaum zum Essen gekommen ist vor lauter Stress. Als ob sie von den anderen irgendeine böswillige Unterstellung vermutet, weil sie sich eine Mahlzeit gönnt. Deswegen hier in aller Deutlichkeit der Hinweis: Auch Frauen müssen essen, um zu überleben!

Was Frauen nicht tun müssen, um zu überleben, ist, sich zu rechtfertigen. Sie machen es aber trotzdem. Andauernd und mit großer Ausdauer. Ich gehöre auch dazu. Das Rechtfertigen ist mir so in Fleisch und Blut übergegangen, dass ich es oft nicht mal bemerke.

Mit einem Schwall von Sätzen beantworte ich einfache Fragen, wie zum Beispiel, ob ich ein bestimmtes Buch schon gelesen habe. »Nein. Bei uns ist in letzter Zeit so viel los gewesen, ich komme zu nichts. Wir hatten noch die Handwerker im Haus, dann war die Theateraufführung in der Schule, da war ich auch eingespannt, und dann bin ich abends derart müde, dass ich noch vor den Kindern ins Bett gehe.«

Wer will das wissen?

Ein Nachbar vom anderen Ende der Straße klingelte neulich bei uns, weil ich ein Paket für ihn angenommen hatte. Er fragte, wie lange wir schon hier wohnen würden und sagte dann erstaunt, er hätte uns noch nie gesehen. Sofort sagte ich entschuldigend: »Wir haben uns ja auch damals nicht bei Ihnen vorgestellt.« Als ob es eine Pflicht gewesen wäre, bei allen 67 Häusern einen Antrittsbesuch zu machen.

Wenn ich mal nicht bei der Aufräumaktion im Stadtteil dabei sein kann (oder will!), lege ich mir bis zu acht Ausreden parat, falls ich auf der Straße diese aufdringliche Mutter von Ruben treffe und sie mich fragt, warum ich nicht da war.

Das Seltsame ist, dass ich mich sogar *mir selbst* gegenüber rechtfertige. Wenn ich mal nicht zum Frauenstammtisch gehen konnte/ mich mal nicht für den Cafeteria-Dienst beim Fußballturnier gemeldet habe/den Besuch bei meinen Eltern verschoben habe, spule ich in Gedanken die Begründungen ab, die mich von der Erledigung vermeintlicher sozialer Pflichten abgehalten haben. Ob Abgabetermin für ein Manuskript oder dass ich das Mamataxi zum Sportplatz sein musste oder meiner Schwiegermutter den Rasen mähen oder was auch immer. Was für ein Blödsinn! Mein Mann sagt immer: *Auch, wenn du stattdessen in der Hängematte liegen willst, ist das noch lange kein Grund, dich zu rechtfertigen.*

Das Fatale ist, dass man sich mit krampfhaftem Rechtfertigen sowieso viel eher um Kopf und Kragen redet. Schon ein gehetzt ausgestoßenes »Das schaffe ich nicht« verleitet einen dazu, doch wieder achtundzwanzig Gründe für das Fernbleiben zu präsentieren, aus denen der andere die Botschaft herausliest, die er möchte. Das kann natürlich wohlwollend-positiv ausfallen, aber auch nicht. »Hab schon kapiert. Ich war ihr nicht wichtig genug.« Oder: »Sie ist aber nicht besonders gut organisiert.« Oder vielleicht auch nur: »Mann, ist die gestresst.« *Mit jeder Rechtfertigung gibt man dem anderen die Möglichkeit, das eigene Handeln zu bewerten.*

Bis man sich den Rechtfertigungsdrang wirklich abgewöhnt hat – was natürlich das Allerbeste ist! – , muss man sich mit Faken behelfen und so tun, als müsste man sich nicht rechtfertigen. Selbst wenn der andere versucht, Sie mit Nachfragen oder Widerspruch in eine Diskussion zu verwickeln, widerstehen Sie dem Drang, sich zu rechtfertigen, und behalten Sie Ihr Ziel im Auge: Was möchten Sie in diesem Gespräch erreichen? Sie wollen zum Beispiel nicht am nachbarschaftlichen Aufräumen teilnehmen. Kann sein, dass Sie was anderes tun müssen, kann sein, dass Sie einfach zu Hause rumhängen wollen, kann aber auch sein, dass die Organisatorin mit ihrer Penetranz und ihrem zentimeterdick aufgetragenen Make-up schlicht unerträglich ist. Egal! Warum und weshalb ist unwichtig, denn die Gründe gehen die Organisatoren nichts an. Und deswegen sollte man sie einfach für sich behalten.

Als kleine Krücke, um sich besser daran halten zu können, hier noch eine Keksmetapher. (Es kann nicht genug Keksmetaphern geben auf der Welt. Es lebe der Keks!)

Es ist ja so: Wenn Frauen Lust auf Kekse haben, essen sie Salat. Um ihr Gewissen zu beruhigen. Der Salat ist sozusagen die Rechtfertigung für die Waffelröllchen mit Zartbitterglasur. Und dann kaut und kaut man also auf den Salatblättern rum und freut sich doch die ganze Zeit nur auf die Kekse, von denen man als Entschädigung für das öde Grünzeug gleich die doppelte Menge verputzt. Bescheuert? Na ja. Klingt ein bisschen harsch. Aber natürlich ist es bescheuert.

So, jetzt zurück zum Rechtfertigungsdrang: Das Gesprächsziel (Absage einer Unternehmung) sind die Kekse. Die Rechtfertigung (in Form von ausufernden Begründungen) ist der Salat – und den braucht kein Mensch, wenn er Kekse essen will.

Wenn Sie also mal wieder in Versuchung sind, sich für irgendwas ausufernd zu rechtfertigen, denken Sie einfach daran: Wenn Sie Kekse wollen, essen Sie keinen Salat. Lassen Sie das Grünzeug weg und kommen Sie gleich zum Wesentlichen.

Einfach sagen: »Ich kann nicht.« Oder auch: »Sorry, geht nicht«.

Wenn der andere trotzdem versucht, einen rumzukriegen, ist eine sehr hilfreiche und praktische Floskel: »Wie auch immer …«

Sie ersetzt universal umständliche und überflüssige Begründungen und man kann sie in jedem Zusammenhang benutzen.

»Hanna, wir haben am Wochenende unsere Aufräumaktion, wo wir zusammen den Stadtteil saubermachen.«

»Das ist toll. Aber leider kann ich nicht kommen.«

»Echt nicht? Ich meine, wir brauchen wirklich jede Hilfe, die wir kriegen können.«

»Ich würde ja auch kommen, wenn ich Zeit hätte. Habe ich aber nicht.«

»Es würde auch reichen, wenn du nur zwei Stunden kommen würdest. Es gibt hinterher Bier und Würstchen für die Helfer.«

»Wie auch immer. Ich kann nicht. Tut mir leid.«

»Guten Tag, Herr X. Wir haben jetzt schon zum zweiten Mal Hinterlassenschaften Ihres Hundes in unserem Vorgarten gefunden. Sie müssen dafür sorgen, dass das nicht passiert.«

»Ja, aber der Hund ist schon alt und schafft es nicht immer bis zur Wiese. Und es ist ja auch irgendwo Dünger.«

»Wie auch immer. Wir wollen keine Hundekacke auf unserem Rasen.«

»Gute Frau, könnten Sie den Kuchen bitte sorgsam behandeln. Der zerquetscht ja, so wie Sie den da auf das Tablett fallen lassen.«

»Das geht nicht anders. Zehn Stücke passen da sonst nicht drauf.«

»Wie auch immer. So nehme ich den nicht.«

Das Leben wird definitiv einfacher, wenn man aufhört, sich für alles zu rechtfertigen.

Wenn wir unsere Interessen dann tatsächlich durchgesetzt haben, ist das für viele noch kein Grund zum Jubeln. Denn oft geht die Auseinandersetzung auf einem anderen Feld weiter, wo man sich mit einem echt miesen Gegner rumschlagen muss: seinem blöden schlechten Gewissen, das manchmal sogar dafür sorgt, dass man sich noch selbst um die Früchte seines Erfolgs bringt. Hat man zum Beispiel klargemacht, dass man von der Arbeit pünktlich gehen muss, darf man auf keinen Fall den Fehler machen, aus schlechtem Gewissen gegenüber den Kollegen oder dem Vorgesetzten heraus doch länger zu bleiben. (Ist mir auch schon passiert. Total beknackt! Da hat man seine Interessen durchgesetzt, und macht auf einmal von selbst einen Rückzieher wegen dieses völlig bescheuerten vorauseilenden Gehorsams!) Nein. Wenn die Entscheidung gefallen ist, muss man sich auch daran halten – selbst, wenn die Kollegen mosern oder die

Stimmung scheinbar schlecht ist. Man hat ein Recht zu gehen. Man ist nicht auf der Welt, um alle anderen zufriedenzustellen. Und der blöde vorauseilende Gehorsam, der einem einreden will, dass man ins Fegefeuer der unterlassenen Pflichten kommt, kann einem den Buckel runterrutschen. Und als Hausaufgabe, liebe Kinder, denkt ihr euch noch acht weitere Parolen aus, mit denen man das schlechte Gewissen zum Schweigen bringen kann.

Konflikte

War was? – Vorgetäuschte Konfliktlösung

Ich hatte mir einen Computervirus eingefangen, der meine gesamte Festplatte gefressen hat. Aber ich habe das Problem gelöst. Ich habe mir einen neuen Computer gekauft.

Das ist die Konfliktlösung, mit der ich mich am besten auskenne: Ausweichen. Und Schönreden. Schönreden kann ich auch gut.

War doch nicht so schlimm.

Hat er bestimmt nicht so gemeint.

Kommt sicher nicht noch mal vor.

Die müssen doch irgendwann mit dem Krach aufhören.

Der Zaun, der von dem Efeu des Nachbarn durchwachsen ist, wäre auch so irgendwann kaputtgegangen.

Der arme Hund kann ja nichts dafür, dass er ein Kläffer ist.

Die paar Farbspritzer, die die Handwerker da hinterlassen, sind doch schnell weggemacht.

Ich kann hinterher aufräumen, wenn die antiautoritär erzogenen Nichten durch unser Haus marodieren und mein Schwager ergriffen seufzt: »Die Kinder sind so voller Energie, ist das nicht schön?«

Den Hintergrundbericht, den der Kollege versprochen hatte zu schreiben, kann ich selbst erstellen, dauert ja nur ein paar Überstunden.

Die Liste lässt sich beliebig fortsetzen.

Konflikte lauern überall da, wo die eigenen Interessen mit denen von anderen kollidieren. Und sehr oft neige ich dazu, lieber meine Interessen zu verraten, als zu riskieren, dass sich jemand anderes auf die Füße getreten fühlt. Lieber mache ich mir selbst was vor, als Gefahr zu laufen anzuecken. Und das trifft auf viele zu.

Natürlich gibt es auch Männer, die Auseinandersetzungen aus dem Weg gehen, aber meiner Beobachtung nach sind Frauen konfliktscheuer. Vor allem, wenn es um direkte Konfrontationen geht, haben Männer häufig weniger Schwierigkeiten unumwunden ihre Meinung zu sagen. Sie haben auch eine andere Einstellung zu Beleidigungen. Es gibt ja sogar Männer, die gute Freunde mit »Mann, was bist du fett geworden« begrüßen. Während Frauen selbst Feindinnen mit Küsschen und vor Honigsüße triefender Stimme begrüßen und sich hinterher das Maul zerreißen über die Gewichtszunahme.

Die unterschiedliche Herangehensweise an Konflikte kann man sogar schon bei Kindern beobachten. Meine Tochter hatte sich eine Lederjacke gekauft und machte sich Gedanken, wie die ankommen würde und ob jemand aus ihrer Klasse irgendwas dagegen sagen könnte. Und was sie in dem Fall erwidern könnte. Und so weiter. Mein Sohn sagte, ohne von seiner Sportzeitschrift hochzugucken: »Wenn einer was gegen meine Jacke sagt, nehme ich ihn in den Schwitzkasten. Dann hört er damit auf.«

Mir stand für einen Moment der Mund offen über diese zwar wenig einfühlsame, aber umso wirkungsvollere Lösung.

Schade, dass die Sache mit dem Schwitzkasten nicht unbedingt sozialverträglich ist.

Wir haben eine Nachbarin, die sich zu ihrer Frühpensionierung selbst ein Klavier geschenkt hat. Es steht in ihrem Wintergarten. Dort übt sie jetzt stundenlang Tonleitern, und zwar am liebsten ganz romantisch bei geöffneter Tür, Ceeh, Deeeh, Eeeeeh, Effffff, Geeeeeee, Ahhhhhhhh, Haaaaaaaaa, Ceeeeeeeeeh …

Am liebsten würde man natürlich sofort für Ruhe sorgen, hält sich aber zurück, indem man sich selbst beschwichtigt, dass es doch gar nicht so furchtbar nervig ist und dass man vielleicht jetzt schon Einkaufen gehen könnte, dann würde man dem blöden Geklimper entgehen, und was für selbstbetrügerische Ausflüchte einem noch so alles einfallen, um sich nicht mit der Nachbarin anlegen zu müssen. Natürlich steckt hinter der Konfliktscheu die Angst vor Ablehnung. Davor, dass andere einen als Zicke/Spießer/Nörglerin wahrnehmen. Das will man natürlich nicht. Zumindest, wenn man ein Veilchen ist. Der Rose dagegen ist es egal, wenn die anderen sie für schwierig im Umgang halten. Das Veilchen möchte um jeden Preis von allen gemocht werden. Und erträgt lieber den Lärm der Nachbarn, das unverschämte Auftreten von Kollegen, die dreisten Forderungen von Vorgesetzten und so weiter. Dieses Verhalten aber schadet nur einer Person: Und die ist man selbst.

Einfach mal so tun, als hätte man keine Angst vor Konflikten

Wenn die Sommerbrise das Klaviergeklimper bis ins Wohnzimmer trägt, wo man eigentlich in Ruhe ein Buch lesen will, pang, pang, papipang, pang, pang, papipang, pang, pang, papipang, pang, pang, papipang, dann mag es Leute geben, die sowas wirklich nicht stört. Aber jeder hat eine andere Toleranzschwelle. Wichtig ist, dass man merkt, wo die liegt.

Wie viel kann ich verschmerzen?

Ab wann wird aus Rücksichtnahme auf andere Selbstbetrug?

Und ist das, was man unter Toleranz versteht, nicht manchmal auch reine Feigheit?

Und was passiert eigentlich, wenn ich jemanden darauf hinweise, dass mich bestimmte Verhaltensweisen stören? Ganz oft passiert gar nichts, außer, dass der andere es lässt. Und sich vielleicht sogar für sein unbedachtes Handeln entschuldigt. Manchmal einigt man sich auf einen Kompromiss. Und in den Fällen, wo der andere wirklich blöd reagiert, muss man sich fragen, wie schlimm es eigentlich ist, von jemandem für kleinlich gehalten zu werden, der mit seinem Mittagessen regelmäßig das Gemeinschaftsbüro vollstinkt oder der seinen Transporter lieber vor den Küchenfenstern anderer Leute parkt als vor dem eigenen oder der morgens um sieben mit dem Laubbläser auf dem Bürgersteig hantiert. Brauche ich wirklich Anerkennung von einer hemmungslos rücksichtslosen Person?

Wer immer alles erduldet und nicht für seine Rechte einsteht, mag als nett und gutmütig gelten. Aber auch als schwach.

Indem man alles hinnimmt, kann man sich keinen Respekt verdienen. Auch nicht vor sich selbst.

Deswegen sollte man öfter mal so tun, als hätte man keine Angst vor Konflikten. Man muss jetzt nicht so weit gehen wie der römische Kaiser Caligula, der großspurig posaunte: Mögen sie mich hassen, wenn sie mich nur fürchten. Das Motto taugt vielleicht für römische Kaiser. (Aber selbst für die nicht auf Dauer. Caligula ist von seinen eigenen Leuten ermordet worden.)

Aber, um zu verhindern, dass einem andere dauerhaft auf die Nerven gehen, ist es unumgänglich, seine Bedürfnisse kundzutun.

Ob sich beim Aldi jemand von der Seite in die Schlange drängt, ob der Blödmann, der neben der Post wohnt, seinen riesigen Schäferhund unangeleint rumlaufen lässt, oder ob der Göttergatte schon wieder vergessen hat, das Paket aufzugeben, obwohl man es ihm schon zehnmal gesagt hat. Bevor die Hutschnur platzt, lieber mal in eine Auseinandersetzung reingehen.

Dabei gibt drei Kategorien von Konflikten:

- Konflikte, denen man leicht aus dem Weg gehen kann.
- Konflikte, die man am liebsten vermeiden würde, die man aber ausfechten sollte, um seinen Seelenfrieden zu bewahren.
- Konflikte, die sich nicht vermeiden lassen und die man auch gewillt ist auszutragen.

Für alle drei Kategorien gibt es ein paar kleine Fake-Tricks, mit denen man sich das Leben deutlich leichter machen kann. Fangen wir mit dem ersten an …

Einfach mal so tun, als fühlte man sich nicht angesprochen

Meine Kollegin Jasmin fängt in dem Moment an zu stressen, in dem sie einen Raum betritt. Schon zur Begrüßung sondert sie Sätze ab, die wie Kampfansagen wirken. Zum Beispiel kommt sie in die Teeküche, wo man sich gerade gemütlich einen Kaffee macht, und raunzt: »Wo sind denn die ganzen Muffins hin?«

Mein Blick fällt auf die geplünderte Dose in der Mitte des Tisches. Natürlich fühle ich mich angegriffen. Ich bin schließlich die einzige andere Person im Raum. Ehrlicherweise fühle ich mich auch von ihren Attacken angegriffen, wenn noch mehrere Leute da sind. Da fällt es mir nur leichter, so zu tun, als ob nicht. Jedenfalls, Jasmin kommt rein und motzt, mein Puls beschleunigt sich, im Geiste überschlage ich die Anzahl Muffins, die ich gemampft habe. War es einer? Oder mehr? Egal, ich fühle mich schuldig und fange an, mich zu rechtfertigen: »Die war schon leer, als ich gekommen bin.« Jasmin wirft mir einen höhnischen Blick zu und murrt: »Ja, das sagen sie alle.«

»Echt jetzt«, beteuere ich. »Ich kriege auch fast nie was ab, wenn einer was gebacken hat.«

Aber Jasmin denkt nicht daran, eine Bemerkung zu machen, die mir versichert, dass sie mir glaubt. Der unausgesprochene Vorwurf, dass ich die Muffins aufgegessen habe, bleibt im Raum wie eine eisige Wolke. Der Kaffee schmeckt mir nicht mehr, ich fühle mich gestresst und verziehe mich schleunigst in mein Büro, um mit Anja eine Runde abzulästern über diese dämliche Kuh.

Dabei wäre es ganz einfach gewesen, dieser Art Konflikt aus dem Weg zu gehen.

Jasmin macht ja nichts anderes, als einen Angriff in die Luft zu feuern. Selbst schuld, wenn man dann nichts Besseres zu tun hat, als sich in die Schussbahn zu werfen und sich als Zielscheibe anzubieten. Die Lösung des Problems: Sich einfach nicht angesprochen fühlen. So tun, als wäre man nicht gemeint.

Ist nicht immer einfach. Ich weiß das. Zum Beispiel beim Lachen und Tuscheln. Ist ja auch so eine fiese Sache. Da wird irgendwo gelacht und sofort denkt man darüber nach, ob man selbst gemeint sein könnte. Ob man an einem Straßencafé vorübergeht, in der Bahn sitzt oder sich gerade am Pralinentresen eine schöne Kollektion Marzipankonfekt zusammenstellen lässt: Ertönt das leiseste Kichern in der Nähe, überlegt man sofort, welchen Anlass man für Heiterkeit bieten könnte. Ob der Rock viel zu eng ist, um überhaupt in der Nähe von Pralinen stehen zu dürfen. Ist die Frisur nicht doch lächerlich? Oder klebt vielleicht Klopapier am Absatz?

Wird im Büro getuschelt oder auf einer Party, ist es auch nicht leichter auszuhalten. Es ist einfach zu verlockend zu denken, man selbst könnte gemeint sein, die anderen könnten sich gerade das Maul über einen zerreißen, Anlass fände sich bestimmt genug, wo mir doch gestern erst diese dämliche Bemerkung rausgerutscht ist ...

In den allermeisten Fällen ist das natürlich totaler Unsinn. Es gibt wahrlich genug andere Leute, die noch viel mehr Potential für ordentliche Lästereien bieten: Trump, Jogi Löw, Heidi Klum, Jasmin, Schlips-Dirk – die Liste ist endlos. Aber selbst wenn es so wäre, dass man im Fokus des Interesses der anderen stehen sollte, hilft es kein bisschen, sich davon stören zu lassen. Man kann es ja doch nicht ändern. So ist das Leben. Lästern und lästern lassen.

Um das Drüberstehen praktizieren zu üben, ist Faken eine simple, aber wirkungsvolle Taktik. Indem man einfach so tut, als fühlte

man sich nicht angesprochen, kann man den Konflikt an sich vor-
beiziehen lassen. Ich stelle mir das vor wie einen herrenlosen roten
Luftballon, der auf mich zu weht. Ich kann ihn festhalten und mir
zu eigen machen, oder ich kann ihn seines Weges schweben lassen.
Je nachdem kann ich ihm auch hinterherschauen und ihm zum
Abschied winken. Und gucken, wer von den anderen den Fehler
macht, ihn sich zu schnappen.

Indem man einfach so tut, als fühle man sich nicht angesprochen,
kann man etlichen Konflikten aus dem Weg gehen. Auf eine extrem
einfache Art.

Mit Jasmin komme ich dadurch auch viel besser klar. Neulich
kam sie in den Konferenzraum und stöhnte: »Wer hat denn schon
wieder das Fenster aufgemacht?«

Natürlich überlegte ich noch automatisch, ob ich das gewesen
sein könnte. Aber das wischte ich schnell aus meinem Kopf und reagierte nicht. Auch nicht, als sie mich ansah, als ob sie eine Antwort
erwartete. Ich guckte einfach zurück. Und da seufzte sie und machte
das Fenster zu und fragte mich in normalem Ton, ob ich wüsste, wo
der Kameramann xy heute wäre.

Ich glaube mittlerweile, dass sie gar keine Antwort hören will,
dass es einfach dämlich-rhetorische Fragen sind. Es ist eine beknackte Angewohnheit, mit der sie sich nicht gerade beliebt macht. Aber
das ist ihr Problem, nicht meins.

Jasmin schleudert ihre Anschuldigungen in die Weite des Raums,
sodass es keinen Anlass gibt, sich angesprochen zu fühlen. Außer
seiner eigenen bescheuerten Angewohnheit, sich von sowas angesprochen zu fühlen.

Anders verhält es sich mit doofen Sprüchen, die eindeutig an einen selbst gerichtet sind. Oft sind das Aussagen, die auf den ersten

Blick harmlos klingen, die man aber spätestens, wenn man darüber nachgedacht hat, als Beleidigung oder Angriff entschlüsselt hat. Die gehören zur Kategorie von Konflikten, die man am liebsten vermeiden würde, die man aber ausfechten sollte, um seinen Seelenfrieden zu bewahren. Und hierfür eignet sich der Fake-Trick …

Einfach mal so tun, als hätte man es nicht verstanden

Neulich beim Mittagessen diskutierten zwei Kollegen am Tisch über Stress, der zu allerlei psychischen und somatischen Symptomen führen kann. Es ging um Stresshungerkünstler, die keinen Bissen runterkriegen, wenn sie nervös sind, und um Stressesser. Plötzlich wandte sich der eine an mich: »Na, Hanna, du kennst dich doch damit aus.«

Ich nickte automatisch, weil ich den Mund voll hatte mit Clubsandwich. Ein Funken Unverständnis zündete in mir, aber ich dachte, natürlich kenne ich mich damit aus. Ich habe vor einiger Zeit mal einen medizinischen Beitrag dazu gemacht, der die physiologischen und psychologischen Hintergründe erklärte, warum die einen in Stressphasen zu viel essen, andere zu wenig. Dann wandte sich das Gespräch einem anderen Thema zu, während ich noch auf meinem Sandwich herumkaute, genau wie auf der Bemerkung des Kollegen. Plötzlich fiel mir nämlich ein, dass der Kollege neu war und meinen Beitrag damals vielleicht überhaupt nicht gesehen hatte. Dann wäre ja möglich, dass er mit seiner Bemerkung gar nicht meine journalistische Allgemeinbildung gemeint hatte, sondern *bei mir* Stressessen vermutete. (Das mit dem Hungerkünstler nimmt mir sowieso keiner ab.) Zurück blieb eine diffuse Gefühlsmischung von Unsicherheit und Gekränktheit, die ich nicht mehr auflösen konnte, weil sich das Gespräch längst um die lächerliche Kölner Verkehrspolitik drehte. Und den neuen Kollegen später noch mal darauf anzusprechen, erschien mir albern. Er sollte nicht wissen, dass er mich mit *einer* blöden Bemerkung irritieren kann.

Das Dumme ist, dass einen so harmlose Vorfälle in stundenlange Grübeleien stürzen können. Als die Chefin mir den Dermatologen-Kongress aufs Auge gedrückt hat mit den Worten »Für dich habe ich auch was Passendes« hat mich das auch ins Tal der Trübsal gestoßen.

Darüber nachzudenken, was jemand wie gemeint haben könnte, ist aber eine fatale Angewohnheit, weil man sowieso nie dahinterkommt, welche kruden Gedankenketten in so manchem Hirn Polka tanzen. Man verschwendet unnötig Energie, die Laune sinkt. Außer Ärger nichts gewesen.

Hier bietet das Faken zwei Möglichkeiten, den Konflikt zu lösen. Die erste ist: Man tut einfach so, als gäbe es nichts zu interpretieren. Als hätte die Bemerkung keine doppelte Bedeutung gehabt, keinen Subtext, der entschlüsselt werden muss. Da hat einer Bullshit gelabert, ab dafür, Sache abhaken.

Oder, man tut so, als hätte man es nicht verstanden. Was man ja auch wirklich nicht hat. Das Wichtige ist dabei, dass man vorgibt, es nicht als Angriff aufgefasst zu haben. Man will ja nicht wie ein dünnhäutiges Nervenbündel wirken, das bei der kleinsten Anspielung aus der Fassung gerät. Wenn man bei Nachfrage dann was wirklich Beleidigendes zu hören bekommt, kann man immer noch (und mit gutem Recht) sauer werden.

Sich dumm stellen ist in dem Fall eine prima Sache. Weil – wie man ja schon als Kind gelernt hat – es gibt keine dummen Fragen, nur dumme Antworten.

In dem Moment, wo man von jemandem mit einer Bemerkung irritiert wird, kann man sich mit einer der folgenden simplen Fragen viel Ärger ersparen:

»Was soll das heißen?

»Wie hast du das gemeint?«

»Was willst du damit sagen?«

Der andere wird gezwungen, sich zu erklären, was einem nicht nur die ganze Grübelei erspart. Er hat auch das Signal bekommen, dass man nicht alles widerspruchslos hinnimmt. Und man hat die Möglichkeit, eventuelle tatsächlich vorhandene Vorurteile oder schlechte Meinungen zu erfahren und ihnen zu begegnen. Aber das Beste ist: In den meisten Fällen löst sich das drohende Missverständnis sowieso in Luft auf. Viele Leute reden nämlich Blech. Oder man selbst hat es einfach in den falschen Hals bekommen. Alles nur Rauch, kein Feuer.

Die Fake-Taktik »So tun, als hätte man es nicht verstanden« finde ich persönlich unheimlich praktisch, weil sie universell einsetzbar ist. Sie bietet ein wirkungsvolles Instrument, geschmeidig um Kommunikationshindernisse herum zu schiffen.

Neulich hat mich Schlips-Dirk mal wieder in der Konferenz unterbrochen, als ich über meine Recherche-Ergebnisse über private Pflegedienste referierte. Er quatschte dazwischen und posaunte ungebeten heraus, dass er einen guten Draht zur Kassenärztlichen Vereinigung hätte. Nicht nur, dass er mich damit aus dem Konzept brachte, irgendwie klang das auch so, als ob er mal wieder die bessere Lösung hätte. Und während ich früher hastig weitergeredet und mich in Beteuerungen über *meine* guten Kontakte verstrickt hätte, blieb ich diesmal ruhig und fragte ihn direkt: »Ich verstehe nicht, was das mit meinem Beitrag zu tun hat. Warum kommst du jetzt damit an?«

Damit hatte er nicht gerechnet.

»Äh, ich mein ja nur«, sagte er. »Falls du einen Ansprechpartner bei der Kassenärztlichen Vereinigung brauchst.«

»Brauche ich nicht«, sagte ich und wandte mich wieder an die anderen und beendete meinen kleinen Vortrag.

Auch die Tassenbotschaften unserer Chefin haben Anja und ich endlich entschlüsselt. Indem wir sie darauf angesprochen haben. »Was willst du uns eigentlich mit deinen Tassen sagen?«, habe ich die Chefin ganz ruhig gefragt, als wir in der Teeküche aufeinandertrafen. »Wir verstehen die nicht.«

»Wie jetzt, was will ich damit sagen?«, fragte sie erstaunt zurück.

»Jetzt guck doch mal deine Tasse heute an.«

Sie drehte die Tasse, in die sie gerade ihren Teebeutel getunkt hatte, und las den Spruch: *Ich brauche keinen Mittelfinger, ich kann das mit den Augen.*

»Äh«, machte sie. »Das ist einfach witzig!«

Ich starrte sie an. »Von uns findet das niemand witzig.«

»Überhaupt nicht«, sagte Anja.

»Oh«, machte sie niedergeschlagen. Und fragte nochmal: »Echt nicht?«

»Nein«, sagte ich mit Nachdruck. Anja schüttelte vehement den Kopf. »Manche finden die sogar … beleidigend.«

»Upps.« Unsere Chefin lachte. »Na ja. Humor ist verschieden.« Es klang fast ein bisschen verlegen.

Sie hat jetzt eine neue Tasse. Auf der steht *Ich bin der Bi… Ba… Butzemann.* Die anderen haben wir nicht mehr gesehen. Wir vermissen sie fast ein bisschen, jetzt, wo wir wissen, dass sie niemanden beleidigen wollte. Aber das verraten wir der Chefin natürlich nicht. Jedenfalls sind wir stolz auf uns, dass wir das geklärt haben. Denn der Tassen-Konflikt gehörte zu den Problemen, die immer wiederkehren – und die man deswegen anpacken sollte. Bei etlichen Konflikten gilt nämlich die Regel …

Aufgeschoben ist nicht aufgehoben

Weihnachten hat ja die nervige Angewohnheit, jedes Jahr wieder im Terminkalender zu stehen, ob man nun will oder nicht. Unser Programm an Heiligabend sieht so aus, dass wir zum Mittagessen zu der alten kinderlosen Tante im Ort gehen (das Essen bringen wir mit), dann besuchen wir die frühe Kindermesse, zurück nach Hause, hastige Bescherung Nummer eins, damit die Spannung nicht überhandnimmt, dann Aufbruch zu den Eltern meines Mannes, wo alle hungrig unsere Ankunft erwarten. Kaum sind wir mit Sack und Pack eingefallen, wird eilig gespachtelt, dann beschert, alles geht unter in Geschenkpapier und Geschrei, derweil meine Schwägerin einen Likör nach dem anderen kippt. Nach der Bescherung spielen wir Gesellschaftsspiele, da gibt es keine Widerrede. Es endet immer darin, dass mindestens eine meiner Nichten heult, weil alle so unfair zu ihr sind, woraufhin meine Schwägerin und mein Schwager sich angiften, wer das Kind jetzt trösten müsse, aber da mein Schwager meint, die Kids müssten selbst mit Niederlagen klarkommen, übernimmt das meine Schwägerin mit Seufzen und herabgezogenen Mundwinkeln, weswegen dann zwischen ihr und meinem Schwager der Haussegen schiefhängt, woraufhin meine Schwiegermutter immer kreisrunde Augen bekommt, weil sie schon seit Jahren befürchtet, dass die beiden sich trennen. Und ich, ich denke die ganze Zeit, wie schön es wäre, zu Hause auf dem Sofa zu sitzen,

Weihnachtsplätzchen zu mampfen und *Drei Nüsse für Aschenbrödel* zu gucken.

Und warum machen wir das nicht? Weil es ja Familientradition ist. Und wir nicht diejenigen sein wollen, die diese Tradition beenden. Weil wir keinen enttäuschen wollen. Mit dem Erfolg, dass ich nach den Feiertagen unglaublich erleichtert bin, dass ich es hinter mir habe, aber in mir schon die Abscheu vor Weihnachten hochkriecht, wenn ich im August die ersten Spekulatius im Supermarkt sehe. Es gibt nämlich Konflikte, die man nicht wie einen Luftballon an sich vorbeischweben lassen kann, auf dass sie für immer aus dem Leben verschwinden. Für etliche Konflikte gilt: Aufgeschoben ist nicht aufgehoben.

Das wurde mir mal wieder klar, als ich dieses Jahr regelrecht gelähmt vor dem Turm roter Lebkuchenpackungen und Christstollen stand. Mein Herz klopfte und für einen Moment dachte ich, mir schmiert der Kreislauf ab. Ich konnte mich gerade noch ans Kühlregal retten, wo mich die Entdeckung einer neuen Ziegenfrischkäsesorte von einer Panikattacke abbrachte. Als ich meine Einkäufe ins Auto lud und die Heckklappe mit Wucht ins Schloss donnerte, war meine Entscheidung gefallen: Dieses Jahr würde ich an Heiligabend zu Hause bleiben.

Bevor ich mich noch monatelang der Angst vor Weihnachten aussetzen würde, würde ich es jetzt hinter mich bringen. Und ich würde es auf meine Kappe nehmen, für alle Zeiten die furchtbare Person gewesen zu sein, die das schöne Weihnachtsfest ruiniert hatte. Der Grinch der Familie.

Es hilft nichts. *Manche Konflikte muss man austragen. Lieber ein Ende mit Schrecken als Schrecken ohne Ende.*

Als ich das meinem Mann erklärte, bot er weniger Widerstand, als ich befürchtet hatte. Er meinte nur achselzuckend: »Okay. Dann mach das klar.«

»Gut«, sagte ich. »Mache ich.« Ich nahm es mir für September vor. Dann wäre noch genug Zeit für alle, den Schock zu verschmerzen. Weil ich nämlich wusste, dass ich da nicht drumherum schwurbeln kann, sondern Tacheles reden muss, sonst werde ich doch wieder weich. Aber darauf musste ich mich innerlich noch etwas vorbereiten. Denn wenn man beschlossen hat, dass es an der Zeit ist, für seine Interessen einzutreten, sollte man nicht den Fehler machen und dem anderen signalisieren, er hätte die Wahl, ob er darauf eingeht oder nicht. Denn …

Wer mit dem Zaunpfahl winkt, muss sich nicht wundern, wenn er übersehen wird

Manni, einer der Cutter im Sender, isst mittags am liebsten Fast Food. Sein Favorit ist Döner aus der Bude nebenan. Da haben wir dann alle was davon. Nicht vom Geschmack – leider, denn das Zeug ist lecker, wenn man es isst! – aber vom Geruch. Denn das knoblauchsoßengetränkte Teil verliert eine Menge an Charme, wenn man es wie Manni mit an seinen Arbeitsplatz nimmt. Der Schneideraum riecht im Handumdrehen wie eine osmanische Palastküche, und weil man kein Fenster aufmachen kann, hängt der Gestank noch Stunden danach in der Luft. Döner ist die neue Zigarette.

Natürlich nervt das alle, die nicht selbst Döner essen und in dem Raum was zu tun haben. Aber Manni mampft unverdrossen weiter, obwohl wir Frauen ihn schon sehr deutlich auf die Geruchsbelästigung hingewiesen haben. Wir haben alles versucht: Wir haben demonstrativ nach Luft geschnappt, uns die Nase zugehalten, mit den Händen gewedelt, um frischen Sauerstoff herbeizurühren, und

Bemerkungen gemacht wie: »Hui, es riecht ja hier wieder wie in einer Imbissbude!«

»Ja, ne?«, hat Manni begeistert erwidert.

Wir feilschen jetzt darum, wer vormittags schneiden darf. Außerdem bedauern wir im Kollektiv seine Freundin, falls er eine hat. Denn in einer Sache sind wir uns einig: Manni hat definitiv Kommunikationsprobleme, wo er nicht mal so eindeutigen Protest kapiert.

Natürlich liegt in dem Fall der Fehler nicht bei Manni, sondern bei uns. Denn leider, leider ist es so, dass kaum jemand Wünsche von den Lippen ablesen kann, außer vielleicht ein Butler mit der Qualifikation für den Buckingham Palace. Auch ein unterdrücktes Stöhnen, irgendwelche Handbewegungen oder ein Henkersblick reichen nicht aus, um dem Gegenüber das Missfallen deutlich zu machen.

Wenn man auf einen verständnis- und rücksichtsvollen Menschen trifft (wie man selbst einer zu sein glaubt), dann mögen sanfte Andeutungen geschmückt mit allerlei freundlichen Verzierungen und Ablenkungsschleifen ausreichen, um eine Verhaltensänderung zu bewirken. Bei einem groben Klotz funktioniert das nicht. Und erstaunlicherweise entpuppen sich sehr viele Mitmenschen als grobe Klötze, wenn es ihren Angewohnheiten und Bequemlichkeiten ans Leder geht. Um diese loszuwerden, muss man andere Saiten aufziehen. Es bringt nichts, herumzulavieren, man muss auf den Punkt kommen und die Ernsthaftigkeit seines Begehrens klarstellen.

Und erstaunlicherweise hat man das auch vor und wappnet sich innerlich für die Standpauke, aber wenn man dann vor dem anderen steht, bekommt man plötzlich Angst vor der eigenen Courage und vor allem davor, wie eine verbiesterte Zimtzicke zu wirken, und schwächt die Meinung, die man dem anderen puffpaff an den Latz knallen wollte, durch übertrieben freundlichen Ton ab. Und hier gilt das Gleiche, wie bei der Äußerung einer Meinung: *Wenn Frau ihre ernste Forderung nicht ernst rüberbringt, kann es sehr gut sein, dass sie nicht ernstgenommen wird.*

Wenn es einem aber schwerfällt, ernst zu machen, dann muss man wenigstens so tun, als meinte man es ernst.

Einfach mal so tun, als meinte man es ernst

Eines Tages kam Schlips-Dirk in den Schneideraum, die Knoblauch-soße stieg ihm in die Nase und er sagte ungehalten: »Ey, Manni, das Zeug stinkt wie die Pest.«

»Echt jetzt?«, fragte Manni erstaunt.

»Ja klar. Iss deinen Kram woanders.«

»Und wenn nicht?«

»Dann stopf ich dir das Zeug in den ...«

An dieser Stelle warf Manni Schlips-Dirk einen gefährlichen Blick zu, Schlips-Dirk zögerte einen Augenblick, der verriet, dass er selbst merkte, wie er auf dünnes Eis geriet, und vollendete den Satz mit: »... in den Mülleimer.«

»Das würde ich dir nicht raten«, sagte Manni, der ungefähr vierzig Kilo mehr wiegt als Dirk samt seiner Schlipskollektion, und biss ungerührt in seinen Döner.

»Wie auch immer«, sagte Schlips-Dirk und wedelte kämpferisch mit der Hand, sodass seine margarinedeckelgroße Omega-Uhr schlackerte. »Iss deinen Kram gefälligst woanders.«

Natürlich hätte Schlips-Dirk in einer Schlägerei gegen Manni nicht den Hauch einer Chance. Und wenn er so einem Riesen mit seinem Stinkedöner, sagen wir mal, in der Bahn begegnen würde, dann wäre es nicht besonders clever, ihm so zu kommen. Aber in der Bahn braucht man diesen Konflikt auch nicht austragen. Wenn einem der Geruch eines Mitreisenden nicht passt, kann man sich woanders hinsetzen oder zur Not aussteigen. Im Schneideraum eben nicht. Was die Lösung des Problems unumgänglich macht, aber auch die Gefahr minimiert, in eine körperliche Auseinandersetzung verwickelt zu werden. Weswegen Schlips-Dirk zumindest *so tun konnte*, als meinte er es ernst mit seiner Drohung. Nachdem Dirk dem Cutter gesagt hatte, dass sein Mittagessen im Schneideraum stört, haben wir es ihm auch noch mal deutlich gemacht. Und zwar ohne Umschweife. Manni hat es jetzt verstanden und isst sein Fast Food tatsächlich woanders. Dieses Problem ist schon mal gelöst.

Blieb Weihnachten. Im September wollte ich es auf Oktober verschieben, aber dann dachte ich: Es hilft nix, ich muss es hinter mich bringen. Mit bebenden Händen rief ich meine Schwiegereltern an. Ich fing an, umfassend den Stress darzulegen, den es uns an Heiligabend bereitete, alle Termine wahrzunehmen. »Dann kommt ihr dieses Jahr nicht?«, fragte meine Schwiegermutter. Ich holte tief Luft und stieß das furchtbare Wort aus wie einen Dolchstoß: »Nein.«

»Gut«, sagte meine Schwiegermutter. »Dann können wir endlich mal in die Christmette im Kölner Dom gehen.«

Auch meine Schwägerin stieß nur ein »Gelobt sei Jesus Christus« aus. An Heiligabend bei uns zu Hause konnte ich gar nicht aufhören zu grinsen, vor Freude darüber, dass wir unter uns waren und keine Termine hatten. Die elende Kindermesse, in der man vor lauter Gequatsche und Gebrüll der Kleinkinder sowieso kein Wort versteht, ließen wir auch sausen. Nur den Besuch bei der Tante abzusagen brachte ich nicht übers Herz.

Diese Übung war leichter, als ich gedacht hatte. Vielleicht, weil der Leidensdruck so groß geworden war. Denn das mit dem »So tun, als meinte man es ernst« ist gar nicht so einfach, besonders für Leute, die es nicht gewohnt sind, ihren Standpunkt klarzumachen. In Sachen Konflikte gibt es nämlich genauso Fallstricke wie bei der Darstellung der eigenen Leistung. Zu zwei Stolpersteinen kommen wir im nächsten Abschnitt.

Die Rechtfertigungsfalle. Und die Falle der zweideutigen Signale. In beide tappt man schneller rein, als man denkt. Und schon ist es so, dass der andere denkt …

Die tut nix, die will doch nur spielen

Schlips-Dirk hat sich angewöhnt, seine Kaffeetasse nicht wegzuräumen. Er lässt sie auf dem Tisch in der Teeküche stehen, inklusive Kaffeerand auf der Tischplatte und Garnitur aus Brötchenkrümeln und zusammengeknüllten Schokoriegelpapier drumherum. Anja sprach ihn drauf an. Mit ihrer typisch liebenswürdigen Art sagte sie ihm, dass er das vielleicht noch nicht gewusst hätte, aber wir seien für die Sauberkeit der Teeküche verantwortlich und wir würden uns ja alle daranhalten und unser benutztes Geschirr wegräumen. Ihr Lächeln wurde noch etwas breiter, als sie hervorstieß: »Nur deine Tasse steht abends immer noch da.« Dann brach sie in Lachen aus und machte einen Scherz über das ewige Aufräumen, das nie ein Ende findet. Schlips-Dirk lachte nicht und ging an seinen Schreibtisch. Am nächsten Tag stand seine dreckige Tasse wieder da.

Kein Wunder. Ein Wortschwall wie von Anja ist wie ein akustisches Kreuzworträtsel, in dem die Lösung umständlich gesucht werden muss.

Wer zu viel redet, den versteht man weniger. Je mehr Wörter, umso versteckter die Botschaft.

Abgesehen davon gibt es auch hier keine Notwendigkeit für Rechtfertigungen, warum der Kollege seine dreckige Tasse wegräumen soll. Es stört. Er soll es lassen. Punkt.

Dann zu der Falle der zweideutigen Signale.

Stellen Sie sich vor, ein freilaufender Hund rennt bellend auf Sie zu. Sie bleiben erschrocken stehen. Der Besitzer beschwichtigt aus der Entfernung: »Ach, der tut nix, der will nur spielen.«

In diesem Moment erhalten Sie zwei sich widersprechende Botschaften. Ich weiß, welcher ich Glauben schenke. Mein Puls und mein Blutdruck auch. Auch wenn viele Hundebesitzer das nicht verstehen: Von dem Hund geht in dem Moment Aggression aus, die einen in Stress versetzt. Dieser Stress wird nicht reduziert durch die beschwichtigenden Worte des Hundebesitzers. Im Gegenteil. Am Ende regt man sich noch mehr auf, weil der Hundebesitzer so ärgerlich ignorant ist.

Zwei sich widersprechende Botschaften verwirren den Zuhörer und man entscheidet sich schließlich für die, die man für glaubhafter hält. Oder die für einen selbst bequemer ist.

Anja ist genau in diese Falle getappt. Sie hat zwar versucht, Schlips-Dirk zu sagen, dass sie es ernst meint, hat dabei aber gelächelt und am Ende sogar noch gelacht.

Wie heißt es so schön: Es gibt zwar tausend Sprachen, doch ein Lächeln versteht jeder. Es signalisiert Freundlichkeit, Zugewandtheit, Nettigkeit, Neugier, Aufgeschlossenheit, Vergebung, Redebereitschaft, Harmlosigkeit – all die schönen positiven Dinge verbindet man mit einem Lächeln. Was man nicht mit einem Lächeln verbindet, ist Ernsthaftigkeit. Konsequenz. Gefahr.

Deswegen ist ein Lächeln kontraproduktiv, wenn man etwas Ernsthaftes vorzubringen hat. Es lockt auf die falsche Fährte. Wenn man nicht gerade ein Auftragskiller der Mafia ist, der sein nächstes Opfer in Sicherheit wiegen will, das gleich Bekanntschaft mit einer geladenen Beretta machen wird, ist ein Lächeln fehl am Platze, wenn Sie jemanden dazu bringen wollen, ein bestimmtes Verhalten zu unterlassen.

Wenn ich mit Worten versuche, eine ernste Botschaft zu senden, während ich sie mit einem Lächeln untergrabe, sucht der Angesprochene sich aus den widersprüchlichen Signalen die Botschaft raus, die er verstehen möchte. Im Zweifelsfall ist das: Kann ja nicht so schlimm sein. Mein Verhalten scheint keine Konsequenzen zu haben, also mache ich weiter damit.

Natürlich gibt es viele Beispiele, wo man mit einem Lächeln und einer freundlich vorgetragenen Kritik an sein Ziel kommt. Und es ist auch gut, wenn man das auf diesem Weg versucht und erreicht!

Aber je störender ein bestimmtes Benehmen ist, umso eindeutiger muss die Botschaft sein. Wenn man der Kollegin, die einen ständig mit lautstarken Privattelefonaten in der Konzentration stört, dazu bringen möchte, damit aufzuhören, muss man das ernst sagen. Ein freundliches Gesicht verwirrt auch den Kollegen, der einem immer viel zu nah auf die Pelle rückt. Es gibt in dem Moment auch keinen Anlass für Freundlichkeit. Schließlich will man, dass der Typ endlich kapiert, dass er Abstand halten soll.

Je ernster die Angelegenheit, desto ernster muss man seine Forderung vorbringen.

Nicht in Form einer Frage, sondern in Form einer klaren Anweisung. »Könnten Sie das bitte lassen?« klingt schon viel weniger fordernd als: »Lassen Sie das«.

Und damit kommen wir zu dem Kapitel »Die Zauberformel.« Klingt toll, oder? Ist es auch. Mit dieser Zauberformel kann man so manchen Spuk im Handumdrehen beenden.

Die Zauberformel

Während des Studiums bin ich ein paar Mal mit einer Freundin namens Doro mit dem Rucksack verreist. Tropisches Trallala in verschiedenen exotischen Gebieten. War immer echt schön. Und entspannend. Nur die ganzen Souvenir/Ananas/Sonnenbrillenverkäufer, die Kamel/Rafting/Tuktuk-Anbieter und sonstigen Leute, die einem Hotelzimmer, Parfümflaschen, Sonnenbrillen, Massagen oder handgewebte Teppiche andrehen wollten, störten gewaltig.

»Die gehen mir auf die Nerven«, stöhnte ich, nachdem ich mir ein Reiskorn mit meinem Namen drauf gekauft hatte. Ja, ich weiß! Völlig sinnlos! Aber immer noch besser als den burmesischen Lacktisch, den ich auf meinen Rucksack hatte schnallen müssen.

»Echt?«, fragte Doro. »Warum?«

Und da fiel mir erst auf, dass Doro überhaupt nicht angequatscht wurde. Sie konnte ganz entspannt über den Markt schlendern – die Verkäufer machten einen Bogen um sie, während sie sich auf mich stürzten wie die Hyänen auf einen Kadaver in der Wüstensonne. Als ich sie darauf ansprach, war Doro selbst erstaunt. »Stimmt«, sagte sie dann und zuckte mit den Achseln. »Wahrscheinlich merken diese Typen einfach, dass sie bei mir auf Granit beißen.«

In den nächsten Tagen beobachtete ich sie. Wenn einer von den Touristenneppern herangestürzt kam, blieb Doro völlig entspannt. Sie schaute die Typen ungerührt an, gab sich keine Mühe, freundlich zu sein und sagte einfach: »Nein.« Manchmal unterstrich sie das

Nein mit einer abweisenden knappen Handbewegung. Und dann ließen neun von zehn Typen direkt von ihr ab.

Das war alles? Mehr brauchte es nicht?

»Du musst das einfach überzeugend rüberbringen«, sagte Doro. »Sobald die merken, dass sie nur den Hauch einer Chance haben, dir was anzudrehen, lassen die nicht locker.«

Bei nächster Gelegenheit versuchte ich es. »Nein. Ich brauche keinen Teppich«, sagte ich zu dem Verkäufer handgeknüpfter Schönheiten und schaute ihm energisch in die Augen. Er hatte einen Dackelblick in nougat. »Mitbringsel für Mama!«, sagte er herzerweichend.

Ich blieb hart. »Nein. Die hat auch genug Teppiche.«

»Man hat nie genug Teppiche!«, rief der Dackelblick.

»Doch«, stieß ich wagemutig hervor.

»Aber nicht diese Qualität! Alte Teppich raus, neue Teppich rein. Ist Freude für ganze Familie!«

So, und jetzt finde mal ein Argument, warum ein neuer Teppich keine Freude für die ganze Familie ist. Doro rettete mich, indem sie mich wegzerrte. »Das war doch schon mal ganz gut für den Anfang«, sagte ich in der Hoffnung auf ihre Zustimmung.

»Noch fünf Minuten und du hättest einen Teppich gekauft«, sagte sie, und ich widersprach ihr nicht.

Ich hatte mich in eine Diskussion verstricken lassen. Ich hatte angefangen, mich zu rechtfertigen. Ich hatte mich ablenken lassen und mein Ziel aus den Augen verloren, dass ich auf keinen Fall einen Teppich haben wollte. Ich habe nicht so gewirkt, als meinte ich es ernst. Das kann einem zum Verhängnis werden. Aber es ist ja nicht so, dass man nicht lernfähig wäre.

Neulich klingelte der Bofrost-Mann bei uns. Ich dachte, es wäre der Paketbote und öffnete. Da stand er und lächelte mich an. Ich wusste, dass ich nichts kaufen würde, und beschloss, ihn freundlich abzuwimmeln.

Er fragte: »Guten Tag, brauchen Sie etwas aus unserem Angebot?«

»Danke, aber ich habe das ganze Tiefkühlfach voll.«

»Wir haben im Moment dreißig Prozent Rabatt für Neukunden bei der ersten Bestellung.«

»Ich habe nur ein ganz kleines Tiefkühlfach, und das ist gerade – wie gesagt – total voll.«

»Schauen Sie sich doch einfach mal in Ruhe den Katalog an.«

»Ich werde aber nichts bestellen«, warnte ich ihn und fühlte mich schon auf der Siegerseite.

»Macht nichts, ich lasse Ihnen einfach den Katalog da.«

Er hielt mir mit einem Lächeln den Katalog hin, auf dem ein tropischer Eisbecher verführerisch leuchtete. Ich dachte, gut, nehme ich eben den Katalog an und bestelle dann nichts. Ich wollte schon die Tür schließen, weil ich dachte, dass ich es überstanden hatte, da fragte er: »Wann darf ich Sie dazu anrufen?«

Mist. Daran hatte ich gar nicht gedacht. Jetzt wollte er mich natürlich festnageln. War ja auch verständlich. Er hatte mir den Hochglanz-Katalog geschenkt. Jetzt musste ich meinen Teil des Deals einhalten.

»Sie werden bei mir kein Glück haben«, versuchte ich noch einmal, ihn abzuwehren. »Ich bin nicht so der Tiefkühlkost-Mensch.«

»Ich rufe Sie einfach an«, sagte er freundlich. Er zückte seinen Stift, um sich in seiner Arbeitsmappe meine Nummer zu notieren. »Wann kann ich Sie am besten erreichen?«

Ich starrte auf den Katalogdeckel mit dem tropischen Eisbecher und dachte an meine Reisen mit Doro und die ganzen Ananasverkäufer, die mir so viele Ananas angedreht hatten, dass mir irgendwann der Mund blutete. Und ehe ich noch lange darüber nachdenken konnte, wie das jetzt ankommen würde und ob der Mann danach vielleicht seinen ganzen Frust an mir auslieẞe, sagte ich bestimmt: »Ich will das aber nicht. Ich möchte nicht angerufen werden.«

»Oh. Okay!« Und wie von Zauberhand war der Mann verschwunden. Mitsamt seinem Katalog. Und er war noch nicht mal pampig. Er hat es einfach verstanden. Er hat mir einen schönen Tag gewünscht und ist gegangen!

Du liebes Bisschen – so einfach ist das?

»Nein, ich will das nicht« ist meine geheime Zauberformel geworden. Keine Rechtfertigungen, kein Geschwurbel, keine Ausflüchte, keine komplizierten Antworten.

Ich habe mir gerade einen Kaffee gemacht. Tochter kommt: »Willst du mit mir spielen?« Sie schaut mich mit Kulleraugen an. »Nein, will ich nicht. Ich will jetzt in Ruhe meinen Kaffee trinken.«

»Okay. Dann vielleicht später.«

Genau. Vielleicht später. Vielleicht heute aber auch gar nicht. Mit der Zauberformel kann ich viel überzeugender so tun, als meinte ich es ernst. Bleiben die Konflikte, in denen leider auch klare Ansagen nichts helfen. Soll es auch geben.

Einfach mal so tun, als zöge man Konsequenzen

Die meisten Konflikte sind lösbar, indem man mit den Leuten vernünftig redet. Aber es gibt auch da Ausnahmen. Das ist schade, aber eben auch normal. Jeder Mensch ist anders. Was man für sich für selbstverständlich hält, finden andere abwegig. Die Maßstäbe für Rücksichtnahme, die man sich selbst gesetzt hat, müssen noch lange nicht bei allen gelten. Das, was einem selbst als logisch und folgerichtig erscheint, kann bei anderen auf völliges Unverständnis stoßen. Diese Erfahrung macht man leider immer wieder mit seinen Mitmenschen. Die Gerichte, die mit Nachbarschaftsstreitigkeiten befasst sind, können ein Lied davon singen.

Als ich die klavierbegeisterte Nachbarin neulich freundlich fragte, ob sie nicht bitte die Tür zu ihrem Wintergarten schließen könnte, wenn sie ihre Tonleitern übt, schnauzte sie mich an, es sei ihr gutes Recht, bei geöffneter Tür zu üben, in ihrem Haus dürfe sie machen, was sie wolle, und Hausmusik sei ja wohl noch nicht verboten und überhaupt, was mir einfiele, mich in ihr Privatleben einzumischen. Ups. Blöde Sache. Besonders unter Nachbarn ist es ja entscheidend, dass man sich friedlich einigt. Diese Einstellung nutzt nur nichts, wenn das nur eine Partei so sieht und die andere denkt, sie könne machen, was sie wolle. Ich habe den Eindruck, dass die Nachbarin jetzt, wo sie weiß, dass es als störend empfunden wird, extra oft spielt und auch die Tür aufreißt, wenn es eigentlich zu kühl dafür ist. Wenn ich im Haus bin, ist es ja kein Problem. (Rede ich mir ein.) Dann mache ich alle meine Fenster zu und die Musik bei mir an, um ihr Geklimper zu übertönen. Aber wenn ich im Garten bin, dann kann ich dem nicht entgehen. Ceeh, Deeeh, Eeeeeh, Effffff, Geeeeeee, Ahhhhhhhh, Haaaaaaaaa, Ceeeeeeeeeh … das Hämmerchen schlägt auf die Saite, es schlägt immer weiter, ping, ping, ping, es schlägt mir aufs Gemüt, ich könnte ausrasten. Schade, dass die CIA sie nicht einstellt und nach Langley beordert. Tonleiterüben ist das neue Waterboarding.

Schlimm ist, dass ich nie weiß, wann sie damit anfängt und wann sie damit aufhört. Wenn ich jetzt auf die Terrasse gehe, fürchte ich schon, es wieder zu hören. Wenn ich mich mit einer Tasse Kaffee raussetze, bin ich schon in Alarmstimmung, ob sie wieder anfängt.

Ich habe sogar schon von Klaviergeklimper geträumt. Eine Woche später machte ich einen zweiten Versuch, in dem ich mit ihr einen Kompromiss aushandeln wollte, wie oft und wie lange sie bei geöffneter Tür spielen darf. Keine Chance.

Was also tun?

Ich könnte mich in buddhistischer Zen-Meditation üben und der Nachbarin im Stillen danken, dass sie sich so viel Mühe gibt, meine Geduld zu prüfen.

Ich könnte mir eine Tuba kaufen und es ihr mit gleicher Münze heimzahlen. Allerdings würde ich mir damit vermutlich selbst am meisten auf die Nerven gehen.

Nein, ich muss ihr anders klarmachen, dass es so nicht geht.

Leider reichen in manchen Konflikten Ernsthaftigkeit und eine eindeutige Ansage nicht aus. Dann muss man überlegen, was man noch unternehmen kann. Manchmal bleibt einem nichts anderes übrig, als Konsequenzen zu ziehen. Oder zumindest so zu tun, als ob. Und dann hoffen, dass die Androhung von Konsequenzen reicht.

Wenn ein Kollege trotz wiederholter Bitte, es zu lassen, die anderen mit dem Geruch seines Mittagessens im Großraumbüro belästigt, wird er vermutlich nicht plötzlich ein spontanes Einsehen haben und es lassen. Wenn die Kinder ihre Zimmer nicht aufräumen, obwohl man es 20 Mal gesagt hat, hilft es nicht, es ein 21. Mal zu sagen.

Wenn das Handeln keine negativen Folgen hat, wieso sollte man dann damit aufhören?

Natürlich finde ich es schrecklich, Konsequenzen zu ziehen. Ich habe keine Lust, die Kinder mit Fernsehverbot zu bestrafen. Ich will auch keine Kollegen bei der Chefin anschwärzen. Und erst recht kein Interesse habe ich an irgendeiner Art von Rechtsstreit mit der

Nachbarin. Aber wenn man unter einer Sache leidet, wenn man wirklich möchte, dass der andere damit aufhört, dann muss man die Sache weiterdenken – und feststellen, dass man ohne Konsequenzen nicht auskommt. Und es funktioniert ja auch. Als der Nachbar seinen Hund erneut auf unseren Rasen hatte machen lassen und wieder nicht einsichtig war, platzte es aus mir heraus: »Noch einmal und ich zeige Sie an.«

Seitdem ist das nicht mehr vorgekommen.

Ich fürchte, auch bei der klavierspielenden Nachbarin muss irgendwann ein Gericht entscheiden, was sie darf und was nicht. Ich hoffe, es kommt nicht soweit. Vielleicht gibt es ja doch noch einen anderen Weg, wie ich die Nachbarin dazu kriegen kann, Rücksicht zu nehmen.

An anderer Stelle waren wir übrigens schon erfolgreich: Schlips-Dirk hat mittlerweile kapiert, dass er seine Tasse wegräumen soll. Nachdem wir es ihm ein paar Mal erfolglos gesagt haben, haben wir seine FC-Bayern-Tasse durch eine BVB-Tasse (samt Dreck-Deko) ersetzt. Wir wissen natürlich, dass er niemals aus einer BVB-Tasse trinken würde. Darauf hatten wir einen Zettel geklebt: »Ich bin eine dreckige Bayerntasse.« Jetzt hat er es endlich verstanden.

Und was ist mit den Konflikten, in denen man selbst unrecht hat? Wo man selbst der Störenfried ist, derjenige, der andere nervt, der Abläufe kompliziert macht oder der vergessen hat, eine Absprache einzuhalten? Soll es ja auch geben. Ab und zu. Auch dabei kann man mit Faken viel erreichen. Indem man einfach mal so tut, als bräche einem kein Zacken aus der Krone.

Einfach mal so tun, als bräche einem kein Zacken aus der Krone

In dem Moment, wo jemand anderes einen auffordert, ein bestimmtes Verhalten zu lassen, merkt man, wie schwer es fällt, Kritik widerspruchslos hinzunehmen. Dass es fast ein Reflex ist, die Schuld abzuwälzen oder zum Gegenangriff überzugehen, um das Gleichgewicht wiederherzustellen – selbst wenn man einsieht, was man falsch gemacht hat.

Umso wichtiger ist es dann, sich so zu verhalten, wie man es sich von anderen erhofft. Je lockerer man selbst mit seinen Fehlern umgeht, desto besser geht es einem. Wenn man einfach so tut, als bräche einem kein Zacken aus der Krone, kann man seinen Fehler zugeben, sich – wenn angebracht – entschuldigen und weitermachen. Damit erleichtert man sich selbst das Leben erheblich: Weil man nicht mit sich und seinen Fehler hadert. Und weil es dann auch keinen Grund gibt, auf den anderen sauer zu sein, der die Dreistigkeit besessen hat, einen auf den Fehler hinzuweisen. Wer so tun kann, als fiele ihm kein Zacken aus der Krone, geht mit unbeschädigter Würde aus einem Konflikt hervor. Wie sagte die Schriftstellerin Marie von Ebner-Eschenbach: »Eine stolz getragene Niederlage ist auch ein Sieg.«

Übrigens hat sich so auch die Sache mit der Nachbarin geklärt. Wir haben nämlich ein Trampolin gekauft. Die Kinder hüpfen stundenlang darauf herum, sie spielen mit ihren Freunden dort, es ist das neue Spielzentrum in unserem Garten, es ist wunderbar. Vor allem, weil dieses Trampolin höllisch quietscht. Eine Woche nachdem wir es aufgestellt hatten, kam die Klaviernachbarin an und beschwerte sich mit wutentbrannter Miene über den nervigen Lärm. Für einen Moment war ich in Versuchung, ihr mal zu zeigen, wie das ist, wenn man vor die Wand läuft. Aber dann tat ich lieber so, als bräche mir kein Zacken aus der Krone. Ich sagte: »Sie haben total recht, das Ding quietscht erbärmlich.«

In dem Moment änderte sich ihr Gesichtsausdruck, so verdutzt war sie, dass ihr Angriff nicht pauschal abgewehrt wurde.

»Ich werde mal sehen, ob wir das Quietschen in den Griff kriegen. Wie wäre es, wenn wir solange gemeinsame Ruhezeiten ausmachen, die dann für alle gelten?«

Sie zögerte einen Moment, dann nickte sie. Ich glaube, wir sind auf dem Weg der Besserung. Ich hoffe es zumindest. Man weiß nie so genau, was ein Konflikt mit den Menschen macht. Ob man seinem Gegner nach dem Match die Hand reichen kann oder ob man grollend und tobend abzieht – die Reaktion nach einer Auseinandersetzung kann sehr unterschiedlich ausfallen. Dabei erleichtert es unglaublich das Leben, wenn man einen Konflikt einfach abhaken kann. Und …

Einfach mal so tun, als wäre nichts gewesen

Neulich beim Aldi vor der Kasse. Ich wartete in der Schlange und überlegte dabei, ob ich nicht ganz dringend eine Mini-Gugelhupf-Backform brauchen würde. Als ich wieder nach vorne schaute, stand eine Frau zwischen meinem Wagen und der Vorderfrau. Sie hatte sich mit einem kleinen Karton voller Einkäufe von der Seite in die Schlange gezeckt und schaute stur nach vorne, als hätte sie mich nicht gesehen.

So, natürlich haben wir es hier mit einem Konflikt zu tun, den man auch vorüberziehen lassen könnte. Ich hätte mir sagen können, dass ich Leute mit kleinem Einkauf gerne vorlasse. Was ich sonst auch sehr häufig tue. Das Problem ist aber, dass ich es nicht leiden kann, wenn sich Leute vordrängeln. Wenn ich sie also nicht ansprechen würde, würde ich mich ärgern. Über sie. Und über mich, dass ich mir das gefallen lasse.

Deswegen sagte ich ganz ruhig: »Sie haben aber schon gesehen, dass ich hier stand?« Mit so einem Satz habe ich bereits öfter Erfolg gehabt, weil es den Ertappten die Gelegenheit gibt, sich mit »Oh, das habe ich übersehen« aus der Affäre zu ziehen. Dann folgt gelegentlich sogar ein freundlicher Smalltalk – wenn beide einfach so tun, als wäre nichts gewesen.

Nur diese Frau mit dem Karton reagierte biestiger als erwartet. »Ich stand aber zuerst hier«, behauptete sie dreist, wandte sich an die Vorderfrau und fragte: »Nicht wahr? Ich war zuerst hier.« Die Vorderfrau guckte desinteressiert und fing an, ihre Waren auf das Band zu legen. Da ich keine Lust auf eine weitere Diskussion hatte und natürlich keinen objektiven Beweis für ihre dreiste Drängelaktion vorlegen konnte, beschloss ich, den Konflikt ziehen zu lassen, und sagte zu der Kartonfrau: »Okay. Dann gehen Sie.«

Aber irgendwie passte ihr das auch nicht. Sie überlegte ein paar Sekunden, in denen sie empört den Kopf schüttelte, dann zischte sie: »Wenn Sie unbedingt wollen, dann gehen Sie halt vor. Gehen Sie, damit Sie Ihren Willen kriegen.«

»Schon okay. Es ist nicht mein Wille vorzugehen. Gehen Sie ruhig zuerst.«

»Nein. Bevor ich mir hier sowas von Ihnen anhöre, gehen *Sie* vor. Wirklich, Sie wollen Ihren Willen, dann kriegen Sie Ihren Willen und dann ist hier hoffentlich Ruhe.«

»Das hoffe ich auch«, sagte ich und ging vor, um das leidige Thema abzuschließen. Aber die Kartonfrau war immer noch nicht zufrieden. »Also wirklich, das ist ja … also echt … sowas.« Sie hielt sich ran. Empörtes Kopfschütteln und Zungenschnalzen ohne Ende. Einen kurzen Moment dachte ich, jetzt gäbe es richtig Zoff. Aber ich blieb ruhig, indem ich so tat, als wäre nichts gewesen. Der Frau gelang das nicht. Ich weiß nicht, was es war, das sie nicht verknusen konnte: Dass ich sie beim Drängeln ertappt hatte, dass ich sie tatsächlich fälschlicherweise beschuldigt hatte – es ist ja auch völlig egal. Ich bin mir sicher, dass sie sich noch Stunden danach geärgert hat. Dabei hätte die ganze Sache keine zwanzig Sekunden gedauert, wenn die Frau den Konflikt losgelassen hätte.

Konflikte sind wie Buttercremetorte. Je mehr man drauf rum kaut, umso schwerer liegt sie im Magen.

Sich in einen Konflikt zu verbeißen, ist meiner Beobachtung nach eine Frauendomäne. Ich habe da diese eine Kollegin, eine Cutterin. Sie ist eigentlich nett, aber leider unheimlich schnell eingeschnappt, wenn man nicht mit ihrem Schnitt einverstanden ist. Selbst wenn man gute Argumente vorbringt und sie bereit ist, den Filmschnitt zu ändern, bleibt die Missstimmung über Stunden (und manchmal noch am nächsten Tag) bestehen.

Sowas kenne ich von männlichen Kollegen fast gar nicht. Vielleicht ist es die Erziehung vom Fußballplatz, wo Männer sich von Kindesbeinen an mal anbrüllen, sich die Meinung sagen – und danach was trinken gehen, als wäre nichts gewesen. Was für eine schöne Art, sich das Leben leicht zu machen! Wenn mein Sohn sich mit einem Freund gestritten hat, ärgert er sich kurz. Am nächsten Tag spielt er wieder mit dem Freund, die Auseinandersetzung ist vergessen, eine Aussprache nicht nötig. Bei Mädchen ist das meist viel komplizierter. Da sind Entschuldigungen erforderlich, um die Angelegenheit zu klären, und wieder mit gutem Gefühl in die Schule zu gehen. Da werden nicht selten noch andere in den Konflikt hineingezogen, weil man auf der Suche nach Verbündeten ist – kurzum: die Sache wird immer größer. Und es ist ja nicht so, dass ich das Problem nicht kenne. Insbesondere um die Hemmungen, die man nach einem Konflikt vor dem ersten Wiedersehen hat. Da heißt es dann nicht selten …

Schau mir in die Augen, Feindin!

Eine Mutter hat mich mal vor der Schule mit dem Kinderwagen gerammt und mich daraufhin angeblafft, ich solle gefälligst aus dem Weg gehen, woraufhin ich sie darauf aufmerksam machte, dass auch Mütter Rücksicht nehmen dürfen. Ich formulierte es nur etwas … ähem … weniger vornehm.

Später waren wir zusammen für einen Stand beim Schulfest eingeteilt. Auweia, dachte ich, und stellte mir vor, wie unangenehm das werden würde. Tagelang zerbrach ich mir den Kopf, wie das wohl wird! Ist die andere noch sauer? Wird sie wieder so doof sein? Ist die Atmosphäre über Stunden feindselig, weil man sich nicht gegenseitig in die Augen schauen kann und jede direkte Anrede vermeidet? Man malt es sich in düstersten Farben aus und schleppt diesen Konflikt mit sich wie einen schweren Koffer.

Als ich zum Schulfest kam, war ich sicher, dass es schrecklich werden würde. Aber dann kam die Mutter auf mich zu und stellte sich vor, als wären wir uns vorher nie begegnet. Ich war mir nicht sicher, ob sie mich erkannte oder ob es einfach Taktik war, so zu tun, als wäre nichts gewesen. Jedenfalls gab mir das die Gelegenheit, mich ebenfalls normal zu verhalten. Und im Laufe des Schulfests entpuppte sie sich als ziemlich nett (nur manchmal etwas hektisch, wenn sie sich überfordert fühlt – was ich nur zu gut kenne!). Das hätte ich aber nie erfahren, wenn wir nicht unsere erste Begegnung unter den Teppich gekehrt hätten.

Bei kleineren Auseinandersetzungen finde ich die männliche »Mund abwischen, weitermachen«-Strategie wirklich hilfreich. Befindlichkeiten abstreifen wie einen verschwitzten Pulli – tolle Sache. Da hat man sich halt mal gestritten, was soll's.

Gerade im beruflichen Umfeld gehört es sowieso zum professionellen Verhalten, seine persönliche Meinung über Charakter und Eigenarten von KollegInnen für sich zu behalten und sich auf bestmögliche Erledigung der Arbeit zu konzentrieren. Und sich von Zufallsbegegnungen mit vordrängelnden Frauen, hektischen Müttern, zickigen KollegInnen oder cholerischen Autofahrern runterziehen zu lassen, ist sowieso verschwendete Lebenszeit. Ich stelle mir nach solchen unangenehmen Erlebnissen gern vor, wie der Ärger und die negativen Gedanken in einem Abfluss versickern.

»Einfach mal so tun, als wäre nichts gewesen« ist für mich daher eine der besten Fake-Formeln überhaupt. Weil sie einen Ausweg aus stunden- oder gar tagelangem Ärger bietet. Denn ein Streit endet ja nicht mit dem Abbrechen der Kommunikation mit dem Kontrahenten, sondern wird in Gedanken noch lange danach weitergeführt. Und solange man daran denkt, sich ärgert und dem anderen böse ist, kostet der Streit wertvolle Energie. So, kommen wir jetzt endlich zum Herzstück der Konflikte: Dem Streit unter Paaren. So grässlich wie normal. Aber man kann die Sache mit Faken erträglicher machen. Zum Beispiel hiermit ...

Konflikte in Beziehungen

Je besser man jemanden kennt, je enger man mit jemandem zusammenlebt, umso größer ist die Gefahr, dass Streit ausbricht. In jeder Familie gibt es Zoff. Und alle Paare streiten sich dann und wann. Meistens entzündet sich die Diskussion an Kleinigkeiten. Offene Schranktüren oder der Klassiker Zahnpastatube, herumliegende Socken, Schuhe oder Aufladekabel, nicht ausgeführte Pflichten, dumme Angewohnheiten wie Nasehochziehen oder Pfeifen – die Liste kann man individuell fortsetzen.

Der Streit fängt in der Regel so an, dass der eine dem anderen sagt, was ihm missfällt. Wenn man Glück hat, nickt der andere und sagt, ja, das stimmt, ich lasse das. Und wenn alle Streitereien unter Eheleuten (und in Familien) an dieser Stelle enden würden, bräuchte ich dieses Kapitel nicht schreiben. Denn leider, leider ist es viel häufiger so, dass man …

… seine Kritik nicht so nett vorgetragen hat, wie man glaubt, weswegen der andere sauer wird.

Oder …

… der andere seinen Fehler nicht so deutlich zugibt, wie man das gern hätte.

Oder …

… der andere kein bisschen in Stimmung ist, seinen Fehler zuzugeben, weil ihm auch schon die ganze Zeit ein bestimmtes Verhalten auf die Nerven geht und er jetzt den geeigneten Zeitpunkt für gekommen hält, mit einer eigenen Kritik um die Ecke zu kommen.

Das Unglück nimmt seinen Lauf. Ein Wort gibt das andere und, ehe man sich versieht, ist man bei »dann zieh doch zu deiner Mutter, wenn die alles besser weiß als ich« oder »ich weiß gar nicht, ob das mit uns überhaupt noch Zweck hat« angelangt.

Das Mücke-Elefant-Prinzip.

Warum ist das so?

Weil beide den anderen besiegen wollen – und die Trophäe (Schuldeingeständnis des anderen) für sich reklamieren.

Weil beide sich nicht nur im Recht fühlen, sondern auch recht bekommen möchten.

Und zwar von dem jeweils anderen, dem man gerade mit geballten Fäusten gegenübersteht, nachdem man ihm alles, aber auch wirklich alles, an den Kopf geworfen hat, was er jetzt und in der Vergangenheit falsch gemacht hat – in dem Versuch, den Beweis zu erbringen, dass der andere Schuld hat und nicht man selbst.

In dieser Situation glaubt man doch nicht im Ernst, dass der andere einem recht geben kann?

Trotzdem fällt es so schwer, aus der Streitspirale auszusteigen. Trotzdem versucht man es immer weiter, in der Hoffnung, doch noch das zu hören, wovon man glaubt, dass es einem zusteht. »Du hast recht, ich hatte unrecht. Entschuldige bitte.« Die Wahrscheinlichkeit, dass das passiert, ist gefühlt so hoch wie ein Lottogewinn – und versetzt einen auch in ähnlichen Freudentaumel wie sechs Richtige!

Aber solange man das nicht gehört hat (also fast immer), bleibt ein nagendes Gefühl zurück. Und es drängt einen dazu, das angefangene Match zu beenden. Der Streit geht in die nächste Runde. Situationen und Wortwechsel werden wiedergegeben. »Du hast das und das gemacht, ich habe dies und jenes gesagt, und dann hast du und ich habe aber versucht, aber du wolltest nicht, und überhaupt nie machst du, was ich will, und immer nur alles so, wie du es möchtest.«

Und mit jedem Wort rückt eine friedliche Einigung weiter in die Ferne. Die Sache ist aussichtslos. Und weil das einfach immer so ist und immer so sein wird und nichts ätzender ist als Streit mit den Menschen, die man am meisten liebt, sollte man versuchen, anders an die Sache ranzugehen. Denn auch bei Streits in Familie und Partnerschaft gibt es Fake-Tricks, die das Leben ein bisschen leichter machen können. Zum Beispiel:

Einfach mal so tun, als wollte man den anderen nicht besiegen

Das Problem ist, dass die Wahrnehmung in einer Auseinandersetzung total unterschiedlich ist – und der andere meistens ebenso überzeugt ist wie man selbst, dass er sich richtig erinnert, dass er den Wortwechsel exakt abgespeichert hat. Jeder sieht den Beweis für erbracht, dass der andere die Ursache ist für diesen hässlichen Streit. Auch wenn man hundert Prozent weiß, dass man selbst nicht Schuld hat: Der andere sieht das eben genauso.

Und weil ein Streit nun mal kein Tennisspiel ist, das solange dauert, bis einer seinen Matchball verwandelt und als Sieger feststeht, steckt man in einer Pattsituation, die sich nicht lösen lässt. Es ist ein Kampf, den keiner gewinnen kann. Dem anderen beweisen zu wollen, dass er sich für sein Verhalten entschuldigen muss, ist genauso aussichtslos wie eine Versöhnung zwischen Evolutionstheoretikern und den Leuten, die glauben, der Mensch wurde tatsächlich von Gott erschaffen und hätte mit den Affen nichts am Hut.

Und deswegen sollte man es auch nicht krampfhaft versuchen, sondern viel öfter einfach mal so tun, als wollte man den Partner gar nicht besiegen. Denn in dieser Sache gibt es sowieso keinen Sieger.

Wenn man immer nur gewinnen will, verlieren am Ende beide.
Denn wenn man nicht rechtzeitig die weiße Fahne hisst und aus dem Kriegstreiben aussteigt, entwickeln sich aus kleinen Scharmützeln gern mal große Schlachten, in denen man sich nicht mehr damit begnügt, wahllos Kanonen abzufeuern, sondern wo man die Bajonette aufpflanzt, um den anderen sehr persönlich und sehr schwer zu verletzen. Und niemand kann einem so wehtun wie die Menschen, die man am meisten liebt. Aber je mehr Wunden man sich gegenseitig zugefügt hat, umso länger dauert die Heilung.

Einfach mal so tun, als wollte man den anderen nicht besiegen, bietet einen Ausweg. Man sagt, was man zu sagen hat, und dann lässt man es gut sein – auch wenn der andere einem nicht die ersehnte Trophäe geschenkt und die Schuld auf sich genommen hat.

Das ist mit das Wichtigste daran: Den Streit beilegen (oder zumindest ruhenlassen) zu können, *ohne vom anderen die erlösenden Worte gehört zu haben.* Gras über die Sache wachsen zu lassen, Wut verrauchen zu lassen, dann in Ruhe drüber sprechen. Wenn das dann überhaupt noch notwendig ist. Die meisten Meinungsverschiedenheiten sind doch winzige Meteoriden im unendlichen Universum der Beziehungen. Man kann auch einfach warten, bis sie aus der Umlaufbahn herausgetreten und irgendwann von selbst verschwunden sind.

Ich weiß, dass es schwer ist, in einer hitzigen Debatte kühlen Kopf zu bewahren. Gelingt mir natürlich auch nicht immer. Aber ich bin froh, dass ich dieses Fake-Instrument in der Tasche habe. Damit kann die Mücke öfter eine Mücke bleiben und wird eben nicht zum Elefanten. Aber wenn es passiert ist, wenn man sich trotz bester Absichten mit einem seiner liebsten Menschen so richtig in die Wolle gekriegt hat, dann hilft nur eines …

Einfach mal so tun, als würde man bei null anfangen

Nach einem heftigen Streit stehen oft viele hässliche Sachen auf der Tafel der Beziehung. Beleidigungen, Tadel, Vorwürfe – all das hat sich ins Gedächtnis eingebrannt, während man sich Mühe geben muss, sich an das Positive, was der andere vielleicht auch gesagt hat, zu erinnern. Solange aber die Tafel vollgeschrieben ist mit Anschuldigungen, ist eine echte Versöhnung schwierig.

Da man leider nicht die Zeit zurückdrehen oder Gesagtes zurücknehmen kann, muss man es anders hinkriegen, die Anschuldigungen aus der Welt zu schaffen.

In dieser Situation habe ich eine Taktik entwickelt, die mir hilft, die Sache endlich abzuhaken. Ich nenne sie »den Groll nicht mehr füttern«. Solange man immer wieder dran denkt, wie doof der andere war, wie beleidigend, wie unverschämt sein Verhalten, solange füttert man den Groll. Solange man den Streit immer und immer wieder gedanklich durchkaut und in einer Endlosspirale wiederholt, was er oder sie Gemeines gesagt oder getan hat, solange hält man den Groll am Leben – und lässt ihn unter Umständen sogar immer größer und fetter werden. Dann ist jede Versöhnung unmöglich. Würde der andere in der Situation versuchen, eine Lösung herbeizuführen, wäre man nicht imstande, friedlich mit ihm darüber zu reden.

In dem Moment aber, wo man versucht, nicht mehr dran zu denken, entzieht man dem Groll die Lebensgrundlage – und er schrumpft, bis er irgendwann stirbt. Und erst, wenn der Groll tot ist, ist man in der Lage, mit dem anderen ein vernünftiges Gespräch zu führen. Oder einfach das Problem für erledigt zu erklären – und so zu tun, als wäre nichts gewesen. Das ist manchmal die klügere Variante.

Das heißt natürlich nicht, dass man jeden Konflikt unter den Teppich kehren soll. Bei grundsätzlichen Meinungsverschiedenheiten kann es natürlich sinnvoll sein, nochmal zu versuchen, in einem Gespräch eine friedliche Lösung zu finden. Aber auch hier halte ich das Durchkauen von Problemen für überbewertet. Mein Leben ist jedenfalls bedeutend einfacher geworden, seitdem ich nach einem Streit so oft wie möglich versuche, so zu tun, als würde ich bei null anfangen.

Der Schwamm, mit dem man die Tafel mit den Vorwürfen sauber wischen kann, ist eines der wichtigsten Haushaltsgeräte. Und es gibt noch einen Fake-Trick, der bei der Versöhnung hilft:

Einfach mal so tun, als warte man nicht darauf, dass der andere den ersten Schritt macht

Den ersten Schritt auf den anderen zuzugehen, fühlt sich auch erst einmal wie eine Niederlage an. Als wäre man der Verlierer, der jetzt beim Sieger die Bedingungen für den Waffenstillstand aushandeln will. Das Blöde ist erneut, dass eine Versöhnung unmöglich ist, wenn beide das so sehen. Wenn beide nur darauf warten, dass der andere den ersten Schritt macht, zieht sich so ein Streit unnötig in die Länge. Und es ist sowieso klar: Es fühlt sich *für beide* gleichermaßen so an, als ob er/sie öfter den ersten Schritt machen würde. *Beide Streitpartner sind überzeugt, dass sie öfter einlenken als der andere.* Und da es keine objektive Statistik dazu gibt, keinen Schiedsrichter, der eine Strichliste führt und genau weiß, wer die Versöhnung einzuleiten hat, ist die Frage »Wer macht den ersten Schritt« auch überbewertet. Wichtig ist doch nur, dass man nicht noch mehr Zeit mit Streit oder unangenehmer Atmosphäre verschwendet. Und letzten

Endes zeugt es doch von Größe, wenn man sich davon freimachen kann, es als Niederlage zu empfinden, wenn man auf den anderen zugeht. Schließlich gewinnen am Ende beide.

Selbstdarstellung

Die Wahrheit und nichts als die ganze Wahrheit

Neulich traf ich eine Bekannte auf dem Parkplatz des Supermarktes. Sie war braungebrannt und sah aus, als käme sie gerade aus dem Urlaub.

»Mensch, du siehst aber erholt aus!«, sagte ich begeistert zu ihr.

»Echt? Wovon?«, fragte sie ungläubig zurück und verzog das Gesicht. »Ach, bestimmt, weil ich wieder im Garten gewühlt habe, Frank kommt ja nicht auf die Idee, mal die Hecke zu schneiden. Der legt sich in aller Seelenruhe aufs Sofa und lässt alles wuchern! Der tut immer so, als ginge ihn nichts was an, gar nichts. Und ich hab dann alles an der Backe. Die Kinder, den Haushalt, den Garten. Also echt! Und dann regt er sich auf, weil ich aus Versehen das Kabel durchgeschnitten habe. Soll *er* doch die Hecke schneiden, wenn er sowieso wieder nur rummeckert. Ich meine, das ist eigentlich eh Männersache und ich kann ja wohl nicht die Frauenarbeit und die Männerarbeit machen, oder? Ich meine, was denkt *er* sich! Wahrscheinlich gar nichts, wenn ich es mir recht überlege. Wirklich, manchmal glaube ich, die ganze Welt ist verrückt geworden. Da drinnen kloppen sie sich auch gerade um die Flamingo-Bettwäsche aus dem Angebot, als gäbe es sie umsonst. Hab gerade noch die letzten zwei geschnappt. Und bei euch?«

»Äh. Ich muss los, man sieht sich.« Oder lieber nicht.

Es ist erstaunlich, was man mit einer harmlosen Begrüßungsfloskel aus Frauen alles herausquetschen kann. Ist mir natürlich auch schon passiert, dass ich unbeabsichtigt mein Herz ausgeschüttet habe, als litte ich unter verbaler Inkontinenz. Damit bin ich in bester Gesellschaft. Frauen reden oft, als stünden sie vor Gericht und hätten geschworen, die Wahrheit zu sagen und nichts als die GANZE Wahrheit. Sie antworten auf Fragen, die ihnen niemand gestellt hat, und enthüllen dabei Persönliches in einer Ausführlichkeit, die einem Seelenstriptease gleichkommt.

Schon die Frage »Wie geht es dir?« hat bei manchen Frauen die gleiche Wirkung wie das Wahrheitsserum eines Geheimdienstes. »Mir geht es eigentlich ganz gut. Aber wenn ich diesen Ausschlag am Rücken nicht hätte, würde es mir definitiv bessergehen. Das juckt vielleicht!«

Da hilft auch ein nachgeschobenes Lachen nicht mehr, das signalisieren soll, wie locker man mit seinen Problemen umgeht, der Zuhörer ist entweder entsetzt oder genervt oder amüsiert.

Manchmal wird der Drang, Intimes preiszugeben, auch durch ein Reiz-Reaktions-Muster hervorgerufen. Hat jemand anderes etwas Persönliches erzählt, fühlen sich manche Frauen geradezu *verpflich-*

tet, sich zu revanchieren. Dabei schießt so manche weit über das Ziel hinaus. Dem Kollegen alles über die vergeblichen Versuche, schwanger zu werden, zu erzählen, obwohl er nur seine Vorliebe für saure Gurken erwähnt hatte, steht jedenfalls nicht im Verhältnis.

Das völlig unnötige Preisgeben von diffamierenden Informationen über sich selbst, sowohl was die Gestaltung persönlicher Beziehungen, körperliche Symptome, aber auch Zweifel über das eigene Wissen und Können angeht, ist eine verhängnisvolle Angewohnheit. Einen guten Eindruck kann man mit so einem verbalen Offenbarungseid jedenfalls nicht machen. Im Privatleben mag das ja noch harmlos-amüsant sein, aber im Arbeitsleben macht man sich mit dem Drang, sein Innerstes nach außen zu stülpen, schnell zur Zielscheibe. Schauen wir uns mal die verschiedenen Bereiche genauer an, in denen Frauen sich verführen lassen, ihre Mängelliste wie ein Marktschreier heraus zu posaunen – und damit ihrem Ansehen selbst zu schaden.

Einfach mal so tun, als hätte man keine Bedenken

Stellen Sie sich vor, Sie wären im Restaurant und der Kellner würde das Essen mit den Worten bringen: »Der Koch hat heute einen schlechten Tag, kann sein, dass zu viel Zitrone in der Soße ist, und das Fleisch ist noch von letzter Woche übrig gewesen und vermutlich zäh, guten Appetit.«

Würden Sie da noch einmal hingehen? Wohl kaum.

Gut, jetzt ist es natürlich so, dass ich kein Restaurant betreibe. Aber wir laden gerne Gäste zum Essen ein. Ich genieße den Ruf, eine gute Köchin zu sein, und unsere Gäste haben mir bisher stets den Eindruck vermittelt, dass sie das Essen genießen (wieviel davon Fake war, kann ich natürlich nicht beurteilen). Ich gebe mir Mühe mit dem Anrichten, was den Gästen angesichts ihrer dekorierten Teller bewundernde Sätze entlockt. Und was mache ich? Trotz Soßenspiegel mit Muster und Parmesanhippen für den Vorspeisensalat kann ich es nicht lassen, schon beim Servieren auf eventuelle Geschmacksbeeinträchtigungen hinzuweisen.

»Hier fehlt Salz, da bin ich nicht ganz sicher, ob das gelungen ist, der Teig ist nicht so aufgegangen wie normal, und im Kochbuch sah das Bild auch ganz anders aus, ich hoffe, es schmeckt euch trotzdem.«

Mein Mann wirft mir dann immer seinen strengen Blick zu und ich weiß: Verflixt, ich muss die Klappe halten. Ich muss ja den Leuten nicht jetzt schon den Appetit verderben mit meinem unnötigen Gequassel.

Ich meine, ich ahne schon, dass das Essen gut schmecken wird. Ich habe mir auch verdammt viel Mühe damit gemacht. Warum weise ich trotzdem auf eventuelle Mängel hin? Will ich die Erwartungen runterschrauben, um im Nachhinein besonders großes Lob einzuheimsen? Oder will ich vorbeugen, falls es wirklich nicht so gut schmeckt wie erhofft? Ehrlich, ich weiß es nicht. Ich weiß nur: Es ist bescheuert.

Die gleiche Falle schnappt in der Arbeitswelt gern zu: Frauen bekennen sich zu schnell und zu oft zu ihrer Unsicherheit ihrer eigenen Leistung gegenüber oder weisen lieber im vorauseilenden Gehorsam auf suboptimale Ergebnisse hin, weil sie glauben, es sei besser, sie selbst anzusprechen, als wenn der Chef sie entdeckt.

Ich glaube, Frauen haben das Sprichwort »Angriff ist die beste Verteidigung« mit abstruser weiblicher Logik umgedeutet in: Immer noch besser, sich selbst fertigzumachen, als wenn andere es tun. Dass in vielen Fällen gar nicht bemerkt werden würde, dass man etwas anders (oder vielleicht besser) hätte machen können, weil man es nur mit selbstkritischem Lupenauge erkennen kann, spielt dabei keine Rolle.

Das Fatale daran ist, dass man sich mit seinen überzogenen Ansprüchen selbst den Maßstab setzt. Manchmal sind auch 80 Prozent genug. Man muss nicht immer 110 geben. Und wie schlimm wäre es, wenn der Chef einen darauf aufmerksam macht, was man hätte besser machen können? So schlimm kann das ja nicht sein. Er ist schließlich der Chef und sollte es besser wissen. Abgesehen davon: Wenn man einen Fehler gemacht hat, nützt es überhaupt nichts, von vornherein darauf hinzuweisen. Im Gegenteil, dann hätte der Chef doch viel eher Grund zu tadeln, warum man das dann nicht gleich richtiggemacht hat, wenn man doch weiß, was falsch gelaufen ist.

Und hier kommt das Faken ins Spiel.

Wenn man so tut, als hätte man keine Bedenken, was die eigene Leistung angeht, kommt man viel selbstsicherer rüber. Dann stimmt auch die B-Note, um mal eine Metapher aus dem Eiskunstlauf heranzuziehen.

Vor ein paar Wochen sah ich einen Auftritt in der Schule. Siebtklässlerinnen hatten einen Tanz eingeübt, den sie zur Begrüßung der neuen Fünftklässler aufführen wollten. Sie hatten sich viel einfallen lassen und eine hübsche Choreografie einstudiert. Wie viel besser wäre der Auftritt noch gewesen, wenn man ihnen ihre Unsicherheit nicht so angemerkt hätte! Genau das Gleiche gilt für viele Präsentationen, die einfacher sind als ein Tanzauftritt von 14-Jährigen vor ein paar hundert Leuten. Ob man für Gäste kocht, dem Chef ein Zwischenergebnis präsentiert oder mit Kollegen über die Arbeitsaufteilung redet – so zu tun, als hätte man keine Bedenken was die eigene Leistung angeht, wird die Performance deutlich heben.

Das gleiche gilt für Bedenken das eigene Aussehen betreffend. Damit sind Frauen ja auch oft unzufrieden, was sie ebenfalls nicht für sich behalten können – und sich wiederum selbst damit schaden. Zum Beispiel mit dem extrem bescheuerten …

Makelbekenntnisdrang

Neulich hatte ich einen ziemlich konkreten Bad Hair Day. Das stört mich normalerweise wenig, weil ich die meiste Zeit in meinem stillen Kämmerlein vor mich hin tippe und es dem Computermonitor herzlich egal ist, wie strähnig das Haar fällt. Dann fiel mir ein, dass ich was zur Post bringen musste. Die schnelle Lösung für das Frisurenproblem: Eine Mütze. Das Wetter war zwar mit achtzehn Grad eigentlich zu warm für eine Kopfbedeckung, aber egal. Und irgendwie ja auch hip. Es dauerte ja nicht lang, ins Schwitzen würde ich also nicht geraten. Doch dann traf ich eine Bekannte aus dem Ort, eine der Mütter aus der Schule, die ich weder gut kenne noch gut kennenlernen möchte. Also eigentlich einer der Menschen, die einem völlig schnurz sein könnten. Sie grüßte, ich sagte Hallo, sie schaute auf meine Mütze, wirkte für den Bruchteil einer Sekunde irritiert, was mich veranlasste, eilig zu erklären: »Schlimme Frisur heute. Mir blieb nichts anderes übrig, als das Elend zu verdecken.« Ich lachte unmotiviert. Sie zog die Augenbraue hoch, nur einen Millimeter, aber ich sah es, und mir schoss der Gedanke in den Kopf, dass sie vermuten könnte, ich hätte nur keine Lust gehabt, mir die Haare zu waschen, und dass ich jetzt in der Öffentlichkeit mit getarnter Fettrübe rumspazieren würde, und dass sie vielleicht anderen erzählen könnte, ich würde ja überhaupt nicht auf mich achtgeben und, mal ehrlich, wie kann man nur so rumlaufen?

»Echt, ich muss dringend zum Friseur«, sagte ich. »Die Haare machen, was sie wollen, haha. Da kann man morgens noch so lange föhnen, es bringt nichts! Aber die Friseurin hier um die Ecke finde ich nicht gut, außerdem viel zu teuer.« Mist, dachte ich, jetzt denkt sie vielleicht, mir wäre gutes Aussehen nichts wert. Ich musste endlich die Kurve kriegen. »Zu welchem Friseur gehst du denn hin? Deine Haare sehen schön aus.«

»Findest du wirklich?«, sagte sie schrill. »Ich finde meine Haare im Moment schrecklich. Außerdem habe ich schon so viele graue! Ich muss die unbedingt färben. Aber davon kriegt man ja ganz leicht Spliss. Und ich habe doch schon Spliss. Hier, die ganzen Haarspitzen kaputt.«

Ich fühlte mich gleich besser. Es ist extrem beruhigend, wenn man merkt, dass man mit seinem Irrsinn nicht alleine dasteht.

Als hätten Frauen einen inneren Drang, sich zu ihren Makeln zu bekennen, legen sie andauernd unaufgefordert Geständnisse über körperliche Probleme ab. Ich habe schon in geselliger Runde (in der auch Männer anwesend waren) Details von Frauen über ihre Dehnungsstreifen, Faltenprobleme oder Gewichtszunahme gehört, die sie nun wirklich nicht in besseres Licht gerückt haben. Seine Makel freiwillig zu benennen ist schon ziemlich behämmert. Aber in Kombination mit der Bitte, diesen Makel nicht zu beachten, wird die

Aktion komplett unsinnig, da die Betroffene den Gesprächspartner ja gerade mit der Nase drauf gestoßen hat. »Guck nicht hin, ich habe hier so einen schrecklichen Pickel.«

Ich meine, wie kann man da *nicht* auf den schrecklichen Pickel gucken, der sich bei genauem Hinsehen als leicht gerötete Stelle erweist, die einem normalerweise kaum aufgefallen wäre?

Völlig ohne Not auf optische Unzulänglichkeiten hinzuweisen, ist eine Angewohnheit, die ich nur von Frauen kenne. Von Männern habe ich sowas noch nie gehört. Wenn die auf ihre körperlichen Schwächen hinweisen, dann gerne mit einer Umdeutung zum Eigenlob. Zum Beispiel gibt es T-Shirts, die man sich über die Wampe streifen kann, auf denen steht: »Bierbauch? Ich habe blaues Blut. Also ist das eine Prinzenrolle!« Oder: »Das ist kein Bierbauch, das ist die Batterie für eine Sex-Maschine.«

Man stelle sich vor, Frauen würden das machen und auf ihre Leggings drucken: »Das ist keine Cellulite, das ist der Beweis für meine vielschichtige Persönlichkeit.«

So oder so: Ein bisschen mehr Nachsichtigkeit gegenüber eigenen tatsächlichen oder eingebildeten Mankos würde uns Frauen gut zu Gesicht stehen. Am besten wäre natürlich …

Einfach mal so tun, als fände man sich wunderschön

Niemand ist so kritisch mit einem wie man selbst. Davon kann ich mich leider auch nicht freisprechen. Auf Fotos finde ich immer, dass alle gut getroffen sind – außer ich. Das Doppelkinn beim Lachen, da die Falten und überhaupt der debile Gesichtsausdruck, du liebe Güte.

Mit niemandem geht man so hart ins Gericht wie mit seiner eigenen Person, seinem eigenen Aussehen. Während man bei anderen graue Schläfen interessant, buschige Augenbrauen charmant, üppige Hüften sexy und eine höckerige Nase charakterstark findet, diagnostiziert man diese Makel bei sich als eindeutig verbesserungswürdig. Natürliche Schönheit? Gern – aber nur bei den anderen.

Man rennt zum teuren Friseur, zur Kosmetikerin, macht Diät und hadert dennoch mit seinem Aussehen. Was könnte man sich alles für Leid ersparen, wenn man sich wunderschön fände.

Da das (zumindest für die Veilchen-Fraktion unter uns) aber ein schwieriges Unterfangen ist, sich auf einmal wunderschön zu finden, wo man sich sein ganzes Veilchenleben in Bescheidenheit geübt hat, fangen wir doch lieber damit an, *so zu tun*, als fänden wir uns wunderschön.

Der erste Schritt dahin ist, aufzuhören, an sich rumzumäkeln. Wenn man ein Foto von sich sieht, lieber auf das Lachen gucken, als auf die Krähenfüße. (Oder es halt löschen, du liebes Bisschen, wozu ist die digitale Technik denn sonst gut?) Aber vor allem: Nicht wieder über sich meckern! Sich nicht selbst schlechtmachen!

Beim Blick in den Spiegel nicht auf die Urlaubsreife achten, die sich in den Augenringen breitgemacht hat, sondern sich selbst ein aufmunterndes Lächeln schenken. Und vor allem: anderen gegenüber nicht leichtfertig mit seiner Mängelliste hausieren gehen. Selbst wenn die Haut mal nicht pfirsichglatt ist, ein paar Urlaubspfunde dazugekommen und die Haare nicht hübsch gewellt sind – Klappe halten. Und auch nicht ständig an sich rumzupfen! Nichts wirkt verkrampfter als wiederholtes Zurechtrücken der Klamotten oder Zwirbeln der Haare. Die Frisur lassen wie sie ist – und versuchen, nicht daran zu denken, dass sie eventuell nicht so optimal ist. Je entspannter man sich gibt, desto selbstsicherer wirkt man. Und Selbstsicherheit ist nun mal viel attraktiver als Unsicherheit.

Wenn ich so tue, als ob ich mich schön fände, ist das natürlich keine Garantie, dass ich mich irgendwann wirklich schön finde. Aber wenigstens höre ich auf, mich dauernd zu kritisieren. Und wer weiß, vielleicht hat man dann schon eine Sorgenfalte weniger. Ganz wichtig, wenn man so tun möchte, als ob man sich wunderschön findet, ist auch …

Einfach mal so tun, als hätte man das Kompliment verdient

Der Duden schreibt, ein Kompliment sei eine »lobende, schmeichelhafte Äußerung, die jemand an eine Person richtet, um ihr etwas Angenehmes, Erfreuliches zu sagen [und ihr zu gefallen].«

Es ist also etwas sehr Schönes, wenn einem jemand ein Kompliment macht. Es ist ein kleines Geschenk. Und über Geschenke freuen sich bekanntlich zwei: der Schenkende und der Beschenkte. Und trotzdem schafft es die Beschenkte oft, das Geschenk noch bei der Annahme kaputtzumachen.

Neulich trafen wir Lars auf einer Party. Galant sagte er zu mir: »Du hast aber eine schöne Kette!«

»Ach, die«, sagte ich, »die ist nicht echt. Acht Euro bei Bijoux Brigitte.«

Er guckte richtig verschnupft. »Na ja. Ist ja auch egal. Soll ich dir was zu trinken mitbringen?« Ich starrte ihm hinterher, wie er in der Menge verschwand. Mit meiner blödsinnig ehrlichen Erwiderung hatte ich ihm die Freude darüber, dass er mir eine Freude machen wollte, genommen. Ich ärgerte mich natürlich. Es war eine schöne Kette, keine Frage. Dass es nur billiger Modeschmuck war, sah man ihr nicht an. Warum hatte ich also darauf hingewiesen? Warum hatte ich nicht einfach so getan, als wären es echte Klunker? Es würde wohl kaum einer mit einer Juwelier-Lupe anrücken und die Echtheit überprüfen. Und natürlich würde ich mich mit richtigen Brillanten gleich viel schöner fühlen. Ich stellte mir vor, wie es wäre, wenn mich sündhaft teure Diamanten schmücken würden. Ich hatte gleich den Eindruck, eleganter zu sein. Eine Dame von Welt.

Aber mal abgesehen davon, dass sich Fake-Diamanten besser anfühlen als echter Strass – ich hätte ja nicht mal behaupten müssen, dass die Kette von Harry Winston sei. Ich hätte einfach nur »Danke« sagen können. Lars hätte sich gefreut, dass ich mich gefreut hätte, ich hätte mich geschmeichelt (und auch ein bisschen hübscher) gefühlt und alles wäre bestens gewesen. Verdammte Komplimentefalle.

In die tappen Frauen sehr, sehr, sehr oft.

»Schickes Kleid!«
»Das olle Ding! Hab ich vor ein paar Jahren im Sommerschlussverkauf gekauft. Und guck mal hier, da geht schon der Saum kaputt.«

»Scharfe Hose!«
»Findest du nicht, ich sehe dick darin aus? Ich finde schon, dass die ein bisschen zu eng ist. Guck mal hier, von der Seite. Da, das plustert doch total auf! Also, ich finde das nicht so vorteilhaft!«

Da wird man endlich beachtet und gewürdigt und dann schafft man es irgendwie, das Kompliment so zu drehen, dass es demjenigen, der es ausgesprochen hat, im Halse stecken bleibt. Und am Ende Katerstimmung bei beiden.

Es ist ja nicht mal so, dass Frauen überzeugt sind, sie hätten das Kompliment nicht verdient. Sie finden ihre Kette, ihr Kleid, ihre

Schuhe – oder was auch immer – ja selbst schön. Es ist einfach nur ein idiotischer Reflex, mit dem man sich gleich wieder abwertet. Und der Komplimentegeber bekommt auch ein negatives Feedback. Schließlich ist er ja in ein Fettnäpfchen getreten, wo er doch etwas gelobt hat, was offensichtlich minderwertig ist. So kann man Leuten auch abgewöhnen, Komplimente zu machen.

Ein weiterer Reflex, der vielen Frauen eigen ist, ist das Gegen-kompliment auf das Kompliment einer Frau. Wenn mir eine Freun-din sagt, ich sähe heute aber gut aus, liegt mir sofort ein: »Du aber auch« auf der Zunge, ob das nun stimmt oder nicht. Und wenn man dann auch an so ein Exemplar von Frau geraten ist, das keine Komplimente würdevoll annehmen kann, findet man sich auf ein-mal in Beteuerungen wieder, dass man selbst ja wohl kein bisschen gut aussieht, wo man doch heute so einen Stress hatte, die andere aber schon.

Nein, nein und nochmals nein!

Egal, was einem an Erwiderungen auf ein Kompliment auf der Zunge liegt: Runterschlucken. Sobald man ein schönes Kompliment mit negativen Gedanken mischt, fühlt man sich doch gleich wieder schlecht! Einfach mal so tun, als hätte man das Kompliment ohne Wenn und Aber verdient.

Ich bewundere meine Tochter, die auf ein Lob für ihre Jacke, ihr neues T-Shirt oder ihre Frisur (oder was auch immer) mit einem kleinen Nicken und einem knappen, süßen Danke reagiert. So muss das sein. So nimmt man Komplimente an. Ich hoffe sehr, sie verlernt es niemals.

Einfach mal so tun, als müsste man niemandem gefallen außer sich selbst

High Heels, in denen sich die Fußballen anfühlen, als hätte man sie in Säure getaucht. Knallenge Kleider, in denen man kaum atmen kann. Silikonkissen in den Brüsten. Hyaluronsäure in den Wangen. Botox in der Stirn. Wasserstoffperoxid in den Haaren. Venenverödung. Gesichtshaarentfernung. Bikinizonenwachsen. Knäckebrot mit Hüttenkäse. Die Diktatur des Schönheitsideals ist unerbittlich. Und die einzige, die einen von diesem Joch befreien kann, ist man selbst.

Aber was macht man stattdessen? Man fragt andere, wie sie das Aussehen bewerten. Wo es noch normal ist, die Meinung des Partners zu bestimmten Geschmacksfragen zu berücksichtigen, nimmt das Bedürfnis nach Anerkennung in der Welt der sozialen Netzwerke groteske Züge an. Ich habe schon dutzendfach Fotos von neuen Frisuren auf Facebook gesehen, die mit allerhand Happy-Emoticons versehen gepostet wurden. Und immer habe ich mir vorgestellt, was in der Person jetzt vorgeht.

Ich meine, wenn ich tatsächlich mit meiner neuen Frisur glücklich bin, warum muss ich mich der bangen Frage aussetzen, wie viele Likes ich wohl dafür bekommen werde? Was ist, wenn meine Social-Media-Freunde mir nicht sofort versichern, dass ich toll aussehe? Wenn ich Stunden warten muss, um zu sehen, wie ich ankomme. Und ab wie vielen Likes erkläre ich mich eigentlich zufrieden? Bei zweien, die ehrlich gemeint sind? Oder fängt die Zufriedenheit erst bei 38 an? Oder reicht auch das nicht, weil Followerfreundin Nicole für ihre neue Frisur 142 Daumenhoch bekommen hat? Und was, wenn einer einen dummen Kommentar abgibt? Wenn einer – oh

Schreck – nicht in Begeisterungsstürme ausbricht! Laufe ich dann wieder zum Friseur oder stürzt mich das nur in eine existentielle Krise? Wieso mache ich mich überhaupt *freiwillig* vom Urteil anderer Leute abhängig, von denen ich viele im realen Leben noch niemals gesehen habe? Als ob man nicht so schon genug Probleme hätte.

Natürlich ist es toll, wenn man von anderen zu hören bekommt, dass man hübsch ist. Aber sowas nicht zu hören zu bekommen, sollte einen nicht fertigmachen.

Letzten Endes machen sich Frauen leider viel zu viel Gedanken, wie andere sie beurteilen. Aber es ist auch schwer, sich dem zu entziehen. Gerade in heutigen Zeiten, in denen im Netz jeder seine Meinung absondern kann ohne Rücksicht auf Verluste. Insgesamt bleibt die Frage, warum man da überhaupt mitmacht. Niemand zwingt einen dazu, Fotos zu posten und sich dem Risiko auszusetzen, negative Rückmeldungen zu bekommen. Und alles, was nicht pure Begeisterung ist, wird ja gern schon als negativ aufgefasst, genau wie ausbleibende Reaktionen. Schweigen wird in Kritik umgedeutet, in Verachtung. Wer der Anerkennung nachjagt, macht sich angreifbar. Und wem fiese Kommentare was ausmachen (also fast jedem), der soll es doch einfach lassen. Keine Frisuren/Bikini/neues Outfit-Bilder ins Netz stellen und bibbernd auf die Kommentare warten. Wer das macht, gibt die Macht über die Bewertung seines Körpers ab, legt die Entscheidung, ob man gut oder verbesserungswürdig oder grottenschlecht aussieht, in fremde Hände. Ein Mausklick und man ist schön. Ein Mausklick und man ist hässlich. Die Lösung für das Dilemma ist simpel: Keine Selfies posten. Einfach mal so zu tun, als müsste man nur sich selbst gefallen. Sich zu Hause vor den Spiegel stellen, sich wohlwollend betrachten und sein eigenes Urteil als endgültig erklären. Und wer weiß: Wenn man sich von der Bewertung anderer unabhängig erklärt, gefällt man sich vielleicht auch gleich ein bisschen besser. Wenn man sich selbst gefällt, ist man zufriedener. Und innere Zufriedenheit strahlt man auch nach außen aus. Mit anderen Worten: Je schöner man sich findet, desto schöner ist man auch. Und zwar in echt. Und nicht nur dank Photoshop.

Arbeitsvermeidung

Verhängnisvolle Besserkönnerei

Während Frauen im beruflichen Bereich häufig Angst davor haben, ihr Können angemessen und selbstbewusst darzustellen, neigen sie im privaten Bereich dazu, ihre Leistungsfähigkeit geradezu aufzubauschen. In der Regel haben sie natürlich auch viel mehr Übung in haushälterischen und kinderpflegerischen Dingen als Männer. Weil sie es viel öfter machen. Und weil sie geübter darin sind, können sie die Arbeiten schneller und ordentlicher erledigen. Keine Frage. Aber genau das ist das Problem. Denn wer etwas besser kann, kann kaum die tumben Versuche eines Ungeübten ertragen und ist stets in Versuchung, die Arbeit an sich zu reißen.

Wenn mein Mann mir bei einem Computerproblem über die Schulter guckt, merke ich ja auch, dass er unruhig wird, weil ich ein bisschen länger brauche, bis ich die Netzwerk-Einstellungen in der

Systemadministration gefunden habe. Er hätte am liebsten, wenn ich ihm Maus und Monitor überlassen würde, und er es schnell selbst erledigen könnte, anstatt zum qualvollen Zuschauen verdonnert zu sein.

Genauso geht es mir, wenn er eine Zwiebel schneidet. So umständlich und zeitlupenartig, dass ich lieber den Raum verlasse oder mich dem intensiven Polieren eines Weinglases widme. Ansonsten tappe ich nämlich in die verhängnisvolle Falle der Besserkönnerei, in die viele Frauen geraten, die den Haushalt zum größten Teil alleine schmeißen. Denn sie schaffen es nicht, ihre Besserkönnerei dem Mann vorzuenthalten. Er putzt mal wieder halbherzig. Müht sich mit dem Bettbeziehen ab. Schält die Möhren linkisch. Braucht ewig, um das Kind zu wickeln. Und dann hält er auch noch die Beinchen falsch. Sie sieht es und lächelt generös. Sie fängt an, ihm Tipps zu geben. Ihr Anliegen ist natürlich, ihm zu helfen. Schließlich hat sie es so oft gemacht, dass sie weiß, wie es am geschicktesten zu bewerkstelligen ist. Sie ist in diesen Dingen die Vorarbeiterin. Und als solche will sie dem Mann auch zeigen, wie er es besser machen kann. Es geht nicht um eitle Sperenzchen, es geht um Qualitätssicherung. Der Mann nimmt die Verhaltenskorrektur vielleicht einmal hin, er nimmt sie vielleicht auch ein zweites Mal hin, aber spätestens beim dritten Mal ist er genervt und sagt: »Wenn du es so viel besser kannst, dann mach es doch selbst.« Schwupps, lässt er die Brocken fallen, die ihr vor die Füße kullern. Und dann hat man sich selbst mal wieder eine Arbeit aufgebrummt, die man doch eben erst glücklich delegiert hatte. Denn man hat gerade selbst für sie gesorgt, für eine …

Verführerische Lücke im System

Niemand macht gern Hausarbeit. Ich meine, *richtig* gerne. Traumjobartig gerne. (Frauen reden sich das doch nur ein, damit es sich nicht so mies anfühlt, denselben Scheiß jeden verdammten Tag wieder und wieder erledigen zu müssen.)

Aber Männer machen sie meistens noch etwas *mehr* weniger gern als Frauen und fangen auch gar nicht erst an, sich einzureden, dass sie es doch tun. Und deswegen nutzen sie jede Lücke im System der Arbeitsteilung, wenn sie sich bietet. Wenn Männer wissen, dass ihre Frauen dazu neigen, die Arbeit an sich zu reißen, wittern sie die Chance, um lästige Pflichten herumzukommen und sich keine Nörgeleien anhören zu müssen.

Mit Sprüchen wie »Bei mir wird das nichts« oder »Zeig mir das noch mal« provozieren sie die besserkönnerische Frau zur Übernahme der Arbeit, um dann selbst in den Keller zu verschwinden, um die Schraubenschlüsselsammlung zu polieren oder die *Spiegel Online*-Seite auswendig zu lernen.

Manche Männer greifen auch zur Schmeicheltaktik und wälzen ihre Aufgaben mithilfe von vermeintlichen Komplimenten wie »Du kannst das viel schneller« oder »Du hast einfach mehr Talent dazu« auf die Frau ab. Manchmal greift auch das Argument: »Für dich ist es nicht so anstrengend, du bist das ja gewöhnt!«

Das klingt einleuchtend und die Frau denkt: Ich hab zwar auch keine Lust, es zu machen, aber bei mir geht es schneller und ordentlicher als bei meinem Mann. Ende vom Lied: Die Frau macht die Arbeit rasch und an der Aufgabenteilung im Haushalt ändert sich nichts. *Wer die Arbeit an sich reißt, muss sich nicht wundern, dass er sie machen muss.*

Frauen, die unter der Doppelbelastung Job und Haushalt leiden, sollten mal selbstkritisch überdenken, ob die »Faulheit« des Mannes nicht zum Teil auch ihrem Übereifer und ihrem Hang zu Besserkönnerei geschuldet ist.

Natürlich ist es nicht einfach, die Dinge laufen zu lassen. Männer haben ihr eigenes Zeitsystem, und wenn sie sagen, sie räumen die Spülmaschine aus, meinen sie nicht, dass sie es sofort machen. Sondern erst nachdem sie auf DAZN die Spielzusammenfassungen der Premier League und der Primera División und vielleicht auch noch die der japanischen J1 studiert haben. Männer haben auch ein anderes Arbeitssystem. Wenn sie sagen, sie decken den Tisch ab, kann sein, dass sie meinen, sie stellen erst mal alles auf die Spülmaschine. Oder sie stellen es so umständlich in die Spülmaschine, dass sie nach einer Mahlzeit schon voll ist, weswegen die Frau dann gern noch mal nachbessert. Oder – noch verhängnisvoller – anfängt, dem Mann Nachhilfe zu erteilen. Wenn man aber durchsetzen möchte, dass der Mann mehr im Haushalt anpackt, gibt es ein paar Fake-Tricks, die man sich mit dem Bild der drei Affen, die nicht sprechen, nicht sehen und nicht hören, merken kann.

Einfach mal so tun, als hätte man nichts zu meckern

Es gibt Dinge, die sollte man für sich behalten. Die Geheimnisse der besten Freundin, das Problem mit dem eingewachsenen Zehennagel, seine Meinung über den Bruder der Kusine einer Kollegin (interessiert eh niemanden) – und seinen Perfektionismus. Wenn man schon blöd genug ist, sich selbst dem Joch des Perfektionismus zu unterwerfen, sollte man wenigstens andere damit in Ruhe lassen. Vor allem, weil es prompt als Bumerang zurückkommt, wenn man seinem Partner mit Besserkönnerei auf die Nerven geht. Wenn der Mann mal wieder mit dem Putzlappen rumwischt, als wollte er die Krümel auf der Tischplatte verteilen, anstatt sie zu entfernen – weggehen und einen Kaffee trinken. Wenn er die Kartoffeln *zurechtschnitzt*, anstatt sie ordnungsgemäß zu schälen: Lächeln und die Zeitung aufschlagen. Wenn er dem Kind die Windel schief anzieht: Klappe halten, auch wenn es einem auf der Zunge brennt, darauf hinzuweisen, dass das böse Folgen haben wird. Lieber die Windel schief als der Haussegen. Was nämlich auf Dauer so sein wird: Er ist genervt von ihrem Gemecker, sie ist genervt, weil sie alles alleine machen muss.

Einfach mal so tun, als gäbe es nichts zu meckern, ist eine wirkungsvolle, aber nicht leicht umzusetzende Fake-Methode.

Denn es ist schwer, von seinen Vorstellungen abzurücken, wie alles auszusehen hat. Trotzdem lohnt es sich, gelegentlich zu überlegen, wie schlimm es wirklich ist, wenn Haus und Kinder ein bisschen weniger in dem Zustand sind, den man selbst für erstrebenswert hält. Man erspart sich unter Umständen eine Menge Arbeit und Streit, wenn man ab und zu einfach mal so tut, als hätte man nichts zu meckern. Um das leichter bewerkstelligen zu können, gibt es einen weiteren Fake-Trick: die Vogel-Strauß-Methode.

Einfach mal so tun, als hätte man es nicht gesehen

Es heißt, der Vogel Strauß stecke bei Gefahr den Kopf in den Sand. Hat sich zwar als Trugschluss rausgestellt, weil der Strauß in Wirklichkeit lieber sein Heil in der Flucht sucht, aber der Mythos lebt in der Redewendung weiter. Den Kopf in den Sand stecken heißt ja so viel wie, seine Augen vor unangenehmen Tatsachen zu verschließen. In Sachen Altersvorsorge, feuchten Flecken an der Wand und

Aufdringlichkeiten des Kollegen mag die Vogel-Strauß-Taktik eine verhängnisvolle Angewohnheit sein. Aber es gibt Momente, in denen es sich als Segen erweist, wenn man so tun kann, als würde man bestimmte Dinge nicht sehen.

Für mich ist das eine der schwersten Übungen. Wenn ich es schaffe, mich mal auf die Terrasse zu setzen, fällt mir sofort alles, was getan werden müsste, ins Auge: Da muss gefegt, die Rosen müssen geschnitten und der Hibiskus sollte beizeiten umgetopft werden. Wenn ich die Kellertreppe runtergehe, sehe ich nur Arbeit: Da müsste gesaugt, der Fleck an der Wand entfernt und die Schuhe geputzt werden. Wenn die Sonne im Frühling alles zum Strahlen und Leuchten und Tirilieren bringt, die Tulpen, die Vöglein, den Ginster und die Fensterschlieren, sehe ich es. Der ganze Dreck, der im trüben Winterlicht verschwunden war, glitzert auf einmal prall und fordernd und zeigt mit seinem krummen Finger auf mich und befiehlt: »Du da. Putz mich!« Frühlingsgefühle? Zerfallen zu Staub wie Graf Dracula in der Sonne.

In meinem Hinterkopf wird alles auf der To-do-Liste addiert und ich halte es vielleicht zehn Minuten aus, nichts zu tun, dann springe ich auf und fange an, die Liste abzuarbeiten. Da diese Liste sich aber automatisch immer weiter ergänzt und es ausgeschlossen ist, dass man sie jemals fertigbekommt (Sisyphus mit seinem Stein ist nichts dagegen), muss man ab und zu die Notbremse anziehen. Und einfach so tun, als hätte man all die Arbeit nicht gesehen. Ich meine, wenn man beim Baden die ganze Zeit nur die Kalkflecken auf der Armatur anstarrt, ist relaxen unmöglich. Sich eine gewisse Schmutzblindheit anzueignen, ist also, zumindest temporär, eine sehr wirkungsvolle Sache: weil sie Voraussetzung ist für Entspannung. Auch bei der nachlässigen Arbeit von Haushaltsamateuren wie den eigenen Ehemännern ist es sehr sinnvoll, einfach so zu tun, als würde man die Unbeholfenheit nicht bemerken. Da braucht der Mann eben zwanzig Minuten, um die Wäsche zu falten. Na und? Kein Grund einzugreifen. Beim nächsten Mal wird es schneller gehen. Das sind Momente, in denen die Vogel-Strauß-Taktik nicht nur sinnvoll, sondern regelrecht *überlebenswichtig* ist. Weil die Arbeit von selbst kommt. Die verdienten Pausen aber nicht.

Um die öfter genießen zu können, reicht es aber nicht, nur seinen Scharfblick für Flecken und haushälterische Stümperei des Ehemanns abzuschalten. Genauso sollte man seine Ohren gelegentlich auf Durchzug schalten und …

Einfach mal so tun, als hätte man es nicht gehört

Frauen sind empfindsame Wesen, die nicht nur auf visuelle, sondern auch auf akustische Reize mit einer Art Arbeitsreflex reagieren. Dabei springen sie nicht nur auf das Gesagte an, sondern auch auf den Subtext. Auf die versteckten Botschaften, die sie mühelos entschlüsseln und in Handlungsaufforderungen umwandeln.

»Ich bin den ganzen Tag allein«, klagt die alte Tante. Was die Frau hört, ist: *Du musst mich besuchen kommen.* Also plant sie den Besuch bei der Tante ein.

»Wo ist mein grüner Buntstift?«, jammert die Tochter. Was die Frau hört, ist: *Du musst mir suchen helfen, sonst bist du ganz gemein.* Und hilft dabei gleich, das Kinderzimmer aufzuräumen, in dem es mal wieder aussieht, als hätte eine Bombe eingeschlagen.

»Sollen wir heute Nachmittag gemütlich Kaffeetrinken?«, schlägt der Mann vor. Was die Frau hört, ist: *Back doch schnell noch einen Apfelkuchen.*

»Wir haben keine Milch mehr«, sagt der Sohn beim Blick in den Kühlschrank. Was die Frau hört, ist: *Hast du etwa vergessen, die einzukaufen?* Sie fühlt sich schuldig und macht sich auf zum Supermarkt.

»Wir brauchen jemanden für das Protokoll«, sagt der Lehrer. Was die Frau hört, ist: *Man kann doch nicht immer darauf warten, dass andere es machen, also mach du es.*

Die Angewohnheit von Frauen, allgemeine Aussagen in direkte Befehle an sich umzuwandeln und sich damit Arbeit aufzubürden, ist auch so eine echt beknackte, hausgemachte Problematik. Jemand sendet eine Botschaft, aber was man daraus macht, hat man doch selbst in der Hand. Natürlich hofft der eine oder andere vielleicht tatsächlich darauf, dass man darauf anspringt und freiwillig seine Dienste anbietet.

Aber das ist doch keine Pflicht! Deswegen sollte man öfter mal so tun, als hätte man die versteckten Aufforderungen nicht gehört. Dass man das – besonders am Anfang – mit einem schlechten Gewissen bezahlt, liegt natürlich auch daran, dass man die verhängnisvolle Angewohnheit hat, sich für alles verantwortlich zu fühlen. Und damit kommen wir zum nächsten Punkt, bei dem Faken helfen kann.

Einfach mal so tun, als wäre man nicht verantwortlich

Ohne ehrenamtliche Mithilfe würde nichts funktionieren: Viele Büchereien würden dichtmachen, ebenso Sportvereine und Bürgerinitiativen. Nachbarschaftsfeste könnten nicht stattfinden, Martinszüge würden ins Wasser fallen und Theateraufführungen von der Gemeinde auch. Ich habe den Eindruck, auch Schule würde heutzutage nicht funktionieren, wenn Eltern nicht mithelfen würden. Die Welt wäre definitiv eine andere, wenn niemand mehr bereit wäre, seine Arbeitsleistung unbezahlt und freiwillig zur Verfügung zu stellen. Deswegen ist es eine gute Sache, mit anzupacken. Viele Hände, schnelles Ende.

Das Problem ist nur, dass an so vielen Ecken und Enden Hilfe gebraucht wird, dass man sich damit überfordert, wenn man überall mit dabei sein will. Und dennoch ist es so schwer, nein zu sagen, wenn die Klassenlehrerin fragt, ob man nicht beim Ausflug mit dabei sein könnte, oder wenn die Bekannte fragt, ob man nicht beim Umzug helfen kann. Sofort fühlt man sich verantwortlich für das Gelingen irgendwelcher Aktivitäten. Andauernd fühlt man sich für die Gemeinschaft verpflichtet - ob Elternarbeit in der Schule, Fahrdienste für die Kinder, alleinstehende Verwandtschaft, Nachbarschaftsaktionen. Und für jede Art von Spendenaufruf sind Frauen auch empfänglich. Ob Obdachlose mit ihrer Zeitung oder schaurig aussehende Clowns für hungerleidende Ponys Geld sammeln oder die jährliche Kollekte in der Schule für *Brot für die Welt* ansteht – für all das öffnet die Frau ihr Herz und ihr Portemonnaie, weil sie sich angesprochen fühlt. Weil sie sich verantwortlich fühlt für arme Ponys und Leute, die auf der Straße schlafen müssen, und für das Elend in der Welt allemal.

Sie fühlt sich verantwortlich dafür, dass das nette Café in der Seitenstraße überlebt oder der Mann mit seinem Fischwagen sein Auskommen findet. Wenn sie mal an dem spärlich besuchten Café vorbeikommt und die Besitzerin in der Tür auf Gäste wartet (oder vielleicht auch nur frische Luft schnappen will), bekommt sie sofort ein schlechtes Gewissen, dass sie nicht öfter einen Kaffee dort trinken geht und all ihre Freunde überredet, dort Kuchen zu essen.

Sie würde auch lieber jeden Tag Fisch kaufen, weil der Mann ihr so leidtut, wie er dort in seinem Wagen steht, ganz allein mit seinen Matjes und Bismarckheringen und dem Rotbarsch auf Eis.

Aber Frauen fühlen sich ja nicht nur für soziale Tätigkeiten verantwortlich, sondern auch für alles rund um Haus und Kinder. Wenn die Spülmaschine das Geschirr nicht richtig saubergemacht hat und die Kinder sich beschweren, neige ich dazu, mich dafür verantwortlich zu fühlen. (Ehrlich, ich weiß nicht, was mit mir nicht stimmt.) Genau wie für wuchernden Rasen und schmutzige Fußmatten und all das andere, was andauernd im Haus und Garten anfällt. Warum eigentlich?

Ich meine, niemand (außer mir selbst) hat mich zur Putzkönigin gekrönt. Ich habe auch keinen hochdotierten Vertrag als Facility Managerin unterschrieben, der mir bei Nichterfüllung eine Strafe aufbrummt. Mit anderen Worten: Es steht nirgendwo geschrieben, dass ich für die Sauberkeit im Haus *alleine verantwortlich* bin. Natürlich fühlt es sich trotzdem so an. Weil Männer (und Kinder sowieso) nun mal einen anderen Zugang zum Schmutz haben. Der Rest der Familie hat jedenfalls kein Problem, sich für nicht verantwortlich zu erklären und genüsslich auf dem Liegestuhl zu wälzen und mit dem Tablet rumzuspielen. Wieso sollte ich das nicht auch können, wenn mir danach ist?

Wenn die alte Tante sich einsam fühlt, ist das bedauerlich. Und wenn man Zeit hat für sie, ist das eine schöne Sache. Wenn das Rheinufer und der Park in einer Bürgeraktion aufgeräumt werden – ganz toll, wenn man da mithilft.

Denn natürlich tragen wir (alle gemeinsam) die Verantwortung für die Gemeinschaft. *Aber vor allem tragen wir (jeder für sich) die Verantwortung für uns selbst.*

Und wenn man nicht auf sich aufpasst, wenn man sich selbst aufgerieben hat, weil man zu oft Ja gesagt hat, wenn man zu gestresst ist von all den Dingen, die man zu übernehmen sich bereit erklärt hat, nützt man auch seiner Familie nichts mehr, dann wird man unerträglich für andere und für sich selbst. Wenn der eigene Akku leer ist, dann kann man niemandem mehr helfen.

Deswegen ist es sehr wichtig, öfter einfach so zu tun, als wäre man nicht verantwortlich. Und darüber hinaus gibt es Momente, in denen es wirklich angebracht ist …

Einfach mal so tun, als gäbe es nichts Wichtigeres, als nichts zu tun

Ich habe kein Problem damit, den Boden nicht zu wischen, wenn ich einen Abgabetermin zu erfüllen habe und arbeiten muss. Ich kann auch ohne großes Bedauern Verabredungen mit Bekannten absagen, wenn ich meinen Sohn zu einem Fußballspiel fahren muss. Und es ist für mich schon gar kein Problem, nicht in der Bücherei oder beim Umzug zu helfen, wenn eines meiner Kinder krank ist. Warum nicht? Weil ich es *guten Gewissens* tun kann. Der Grund für meine Absage ist ja wohl mehr als plausibel. Jeder weiß, dass man in so einer Situation bei seinen Kindern sein oder seine Arbeit erledigen muss. Das gute Gewissen stellt mir also ein Attest aus und ich bin von meinen Pflichten und getroffenen Zusagen befreit.

Aber einfach so irgendwo fehlen, weil ich keine Lust dazu habe? Einfach nicht zu kommen, weil mir danach ist? Weil ich stattdessen – oh aufgepasst, Skandal! – NICHTS TUN möchte?

Nein, das geht nicht. Sofort habe ich ein schlechtes Gewissen.

Und das schlechte Gewissen denkt nicht im Traum dran, mir ein Attest auszustellen und mich von der Pflicht zu befreien.

Arbeiten wie ein Tier, schuften wie ein Pferd, fleißig sein wie eine Biene – all das ist gesellschaftlich anerkannt. All das kann man mit seinem Gewissen vereinbaren. Das Nichtstun dagegen hat keine besonders durchsetzungsfähigen Interessenvertreter. Faulheit, Trägheit, Müßiggang sind keine guten Lobbyisten in unserer hektischen Welt. Man möchte auf keinen Fall in den Verdacht geraten, man wäre einer von diesen Taugenichtsen, die den lieben langen Tag vertrödeln, die nur egoistisch auf ihre eigenes Wohl gucken. Und wenn schon Zeitverschwendung, dann auf angesagte fernöstliche Achtsamkeitsart. Meditation. Yoga. Qi Gong. Erschlaffen ja, aber nur mit stählernem Powerhouse.

Selbst der Entspannung wird heutzutage hinterhergehetzt, wenn man von der Arbeit mit Bleifuß ins Yoga-Studio rast. Oder indem man ständig mit dem stummen Vorwurf hadert, dass man immer noch nicht mit dem Meditieren angefangen hat, was aber so wichtig wäre, wo man sich doch so gestresst fühlt.

Das schlechte Gewissen, der Perfektionismus, diese ganzen Achtsamkeitstrendsportartenangebote – alle arbeiten sie gegen das Nichtstun. Dabei sollte es eigentlich anders rum sein. Manchmal sollte man sich fragen, was eigentlich überhaupt so wichtig ist, dass es einen vom Nichtstun abhält.

Letzten Endes ist alles eine Frage der Prioritäten. Man macht eine Liste mit den Dingen, die wichtig, superwichtig und überlebenswichtig sind. Das Blöde ist nur, dass man oft die falschen Prioritäten setzt. Da kommt alles zuerst: die Kinder, die Arbeit, die Kinder, das Haus, der Sport, der Hund, der Garten, die Kinder, das Haus …

Die täglichen Pflichten sind wie ein reißender Fluss: Man kann sie nicht zum Stoppen bringen. Man muss sich selbst stoppen.

Man kann noch so gründlich geputzt haben: irgendwas ist immer noch oder schon wieder dreckig. Und selbst wenn die Wohnung perfekt sauber ist, stellt sich Entspannung nicht automatisch ein. Denn dann kommt man auf die Idee, noch schnell ein Baguette zu backen, damit man es sich nachher auf der Terrasse so richtig gemütlich machen kann. Und man kann noch so viel helfen: Irgendeiner braucht immer noch mehr Hilfe oder Unterstützung. Und man käme nie zur Ruhe, wenn man nicht ab und zu so tun würde, als gäbe es gerade nichts Wichtigeres, als nichts zu tun.

Von dem Staub auf dem Fensterbrett und der Enttäuschung der Bekannten über das Fernbleiben bekommt man jedenfalls keinen Burnout. Höchstens von dem nicht nachlassenden Druck, allem gerecht werden zu müssen. Von der Unfähigkeit zu sagen, nein, ich komme nicht, weil ich Nichtstun muss.

Das Wetter ist zu schön, um Kuchen zu backen, sagt meine Mutter immer. Ich finde, das ist ein wunderbarer Spruch. Denn selbst angenehme Tätigkeiten wie Kuchenbacken können zu viel sein, wenn es Besseres zu tun gibt: in der Sonne zu sitzen.

Mama ist gerade auf Mauritius: der 15 Minuten-Urlaub

Mir fällt das ja auch schwer, mich auszuklinken. Manchmal fühle ich mich von den ganzen Pflichten wie von einer Welle überrollt. Arbeit, wohin das Auge reicht! Im Urlaub dagegen kann ich wunderbar entspannen. Nichts denken. In meditativer Ruhe vor mich hinstarren, ohne auch nur einen Gedanken an irgendwelche Erledigungen zu verschwenden. Keine Zuckungen meines Putzarms, keine Unruhe, weil die Blumen gegossen oder die Wäsche gefaltet werden muss. Kein Drang, jetzt Sport zu machen. Es ist ein Jammer, dass ich dieses Entspannungsgefühl nicht auf meinen Alltag übertragen kann. Nicht mal am Wochenende.

Aber ich habe mir einen kleinen Trick angewöhnt: Ich mache jetzt regelmäßig Fake-Holidays. 15 Minuten am Tag, in denen ich so tue, als wäre ich auf einer einsamen Insel, unerreichbar für den Alltag. Eine Viertelstunde, in der ich so tue, als sehe ich den ganzen Dreck nicht, in der ich nicht ans Telefon gehe, nicht auf den Eingang von Nachrichten lausche und einfach vor mich hinglotze. Kinder haben übrigens keinen Zugang auf meiner einsamen Insel. Ich habe es ihnen so erklärt: Mama ist eine Viertelstunde auf Mauritius. Damit sie mich in der Zeit nicht mit Fragen nach Süßigkeiten, einem neuen Tintenkiller oder dem Verbleib ihres Einhorn-Glitzer-Springseils nerven, dürfen sie meinetwegen online abtauchen. In dieser Viertelstunde ist alles andere unwichtig.

Harmonie

Ich danke Ihnen, dass ich mich bedanken darf

Die beiden Wörtchen »Bitte« und »Danke« sind wirkungsvolle Schmiermittel in der Kommunikation. Es ist schön, wenn man sie benutzt. Sie zeigen Respekt und Achtung vor demjenigen, der für andere etwas tun soll oder getan hat, aus freien Stücken oder über die bloße Pflicht hinaus. Eigentlich sind also »Bitte« und »Danke« positive Erscheinungen. Solange sie jedenfalls nicht inflationär benutzt werden.

Ich ertappe mich immer wieder dabei, dass ich mich für irgendwelche Selbstverständlichkeiten bedanke. Oder in Situationen, in denen, wenn überhaupt ein »Danke« angemessen gewesen wäre, ich der Adressat dafür hätte sein müssen. Ich meine, wenn ich einen sauteuren Schreibtischstuhl gekauft habe, muss ich mich bei dem Verkäufer für die gute Beratung bedanken – oder sieht er es nicht schon an dem Kauf, dass ich zufrieden war? Muss ich mich beim Frühstück jedes Mal dafür bedanken, dass mir einer das Salz anreicht, was die anderen versäumen, so in die Mitte zu stellen, dass alle drankommen?

Ich tue es. Meistens jedenfalls. Ich bedanke mich bei der nervigen Mutter aus dem Kindergarten für ihren Besuch, auch wenn ich heilfroh bin, wenn sie endlich wieder geht, und bei dem Mann am Servicestand, der mir die Auskünfte so mürrisch erteilt hat, als wäre meine Frage schon eine Zumutung gewesen.

Mein Dankreflex geht mir auf die Nerven. Ich gehe *mir selbst* damit auf die Nerven. Weil man sich mit einem »Danke« an der falschen Stelle schon wieder so klein macht. Mit einem »Danke« möchte man ja eigentlich einen Gefallen erwidern, aber wenn es den gar nicht gab, braucht man sich auch nicht bedanken. Und trotzdem hat man das Gefühl, man müsse für Ausgeglichenheit sorgen. Das Gleiche gilt übrigens für reflexartiges Entschuldigen.

Entschuldigen Sie bitte, dass ich gar nichts dafür kann

Mein Nachbar klingelte bei mir und schnauzte mich an, weil der Handwerker, der bei uns einen Wasserschaden behob, mit dem Auto in den nachbarlichen Blumenrabatten stand. Ich mag den Nachbarn, er ist normalerweise ein netter Mann, und ich entschuldigte mich. Erst als ich die Tür geschlossen hatte, fiel mir auf, dass ich ja gar nichts dafürkonnte, dass der Handwerker seine Karre so blöd geparkt hatte. Warum hatte ich mich also dafür entschuldigt?

Natürlich, weil der Nachbar verärgert war und ich nicht wollte, dass sein Ärger auf mich abstrahlte. Und weil ich mich verantwortlich gefühlt hatte. Der Handwerker war ja unseretwegen gekommen. Und natürlich hätte ich mich darum gekümmert, dass er seinen

Wagen wegfährt. Aber meine Entschuldigung war deplatziert, weil ich nun mal nichts falsch gemacht hatte.

»Ich hätte zum Beispiel sagen können: Ich verstehe Ihren Ärger, aber mein Auto steht nicht in Ihrem Beet. Ich sage dem Handwerker, er soll wegfahren«, sagte ich zu Anja, als wir uns abends beim Mexikaner auf einen Cocktail trafen.

Anja nickte. »Ja.«

»Oder auch: Was motzen Sie mich an? Steh *ich* etwa in Ihren Blumen?«

Normalerweise hätte sie sich spätestens jetzt an der Suche nach der besten Antwort beteiligt. Dieses Spiel nennen wir »Schlagfertigkeitsschach«. Wir müssen nämlich immer beide unheimlich lange überlegen, bis wir die passende Antwort auf eine unverschämte Bemerkung gefunden haben. Schlagfertigkeitsschach spielen wir, um uns für zukünftige Partien zu wappnen. Die Partie, um die es eigentlich geht, haben wir ja leider schon verloren.

Aber Anja war gar nicht gut in Form. Sie nickte nur wieder und schaute betrübt in ihr Glas.

»Oder ich hätte auch sagen können«, rief ich eifrig und noch etwas kämpferischer, »ich bin doch nicht der Mülleimer für Ihre Aggressionen!«

Immer noch keine Reaktion von Anja.

»Oder ganz einfach: Hau ab, du Sack.«

Sie lächelte matt und strich mit dem Zeigefinger über den Bierdeckel.

»So, dann sag mal, was los ist.«

Und dann erzählte sie, was passiert ist. »Ich hatte auch Streit. Mit meiner Schwiegermutter.«

»Weswegen kriegt man denn mit dir Streit?«, fragte ich verblüfft.

»Ich meine, du bist der liebste Mensch der Welt.«

Sie zog eine Grimasse. »Das sieht meine Schwiegermutter wohl nicht so. Ständig meckert sie an allem rum. Wie es bei uns aussieht und wie dreckig die Socken meiner Kinder wären, sowas hätte es bei ihr nie gegeben, und warum die Kinder nicht sowieso mit Hausschuhen rumlaufen würden, die Socken gingen viel zu schnell kaputt und so weiter und so weiter. Und dann ist mir auf einmal der Kragen geplatzt und mir ist da was rausgerutscht.« Anja trank den Rest aus ihrem Cocktail und zog eine Grimasse.

»Was hast du denn gesagt?«, fragte ich gespannt und malte mir aus, wie Anja ihre aufdringliche Schwiegermutter angeschrien und ihr mal richtig die Meinung gegeigt hatte, samt Hinweis auf ihr unmögliches Stinke-Parfüm, das noch tagelang die Wohnung verpestet, sodass Anja sogar die Fenster aufreißt, wenn die umliegenden Felder frisch gedüngt worden sind. Lieber Güllegestank in der Wohnung als Schwiegermutters traniges Duftwasser.

Anja drucksste ein bisschen herum. »Na ja. Ich war gerade abgelenkt, weil mir die Kaffeekanne ausgelaufen ist, und da habe ich – ohne nachzudenken – zu ihr gesagt, dass sie sich um ihre eigenen Angelegenheiten kümmern soll.«

»Wie wahr, wie wahr«, kicherte ich. »Und dann?«

»Dann ist sie ausgerastet. Das wäre eine Unverschämtheit, schließlich seien ihre Enkel ja wohl ihre Angelegenheit. Und dann wurde sie natürlich patzig und passiv-aggressiv und meinte, aber wenn ich nicht wollte, dass sie sich um die Enkel kümmert, dann bräuchte ich sie auch nicht mehr nach Hilfe fragen, wenn einer von den Kindern krank wäre oder ich mit Christian mal ausgehen wollte. Dann wäre das jetzt auch erledigt.«

»Oje«, sagte ich. »Und dann?«

»Dann habe ich mich sofort entschuldigt und versucht, das zu erklären, aber sie wollte gar nicht zuhören und ist nach Hause gefahren.«

»Und was sagt Christian dazu?«

»Der meinte nur, ich wüsste doch, wie sie ist, und dass man am besten gar nichts sagt.«

»Typisch«, zischte ich.

»Was soll ich denn jetzt machen?«, jammerte Anja.

»Abwarten und Mojito trinken. Sie kriegt sich schon wieder ein.«

»Und wenn nicht? In zwei Wochen hat Christians Schwester Geburtstag und da ist sie natürlich auch eingeladen. Das kann ja was werden, so nachtragend wie sie ist.« Anja stützte erschöpft den Kopf in die Hände und jammerte: »Warum habe ich bloß was gesagt?«

»Weil sie dir auf die Nerven gegangen ist«, erklärte ich. »Und weil du ein Recht dazu hattest. Und eigentlich müsste sie sich bei dir entschuldigen. Das ist dir doch klar, oder?«

»Das mag ja alles sein«, sagte Anja. »Aber der Streit jetzt stört mich noch mehr als ihr ewiges Gemotze. Und ich habe Angst, dass sie mich bei Karins Geburtstag schneidet und die ganze Feier kaputtmacht und dann streite ich mich nachher wieder mit Christian.«

»Dann ist sie schuld!«, versuchte ich, Anja aufzumuntern.

»Ich weiß«, sagte sie düster. »Aber es fühlt sich nicht so an.« Sie seufzte und sagte: »Verdammte Scheiße. Ich glaube, ich bin harmoniesüchtig.« Dann winkten wir dem Kellner, um noch eine Runde zu bestellen.

Wie man an Anjas und meinem Beispiel unschwer erkennen kann, sind übereifriges Entschuldigen und Bedanken Ausdruck für ein ausgeprägtes Harmoniebedürfnis. Was ja eigentlich eine wunderbare Sache ist. Wenn allen Menschen die Harmonie so wichtig wäre, gäbe es viel weniger Probleme. Weil dann alle Rücksicht nehmen würden und es ein Leichtes wäre, sich auf allgemeingültige Umgangsformen zu einigen. Was man nicht will, dass man dir tu, das füg auch keinem andern zu. Wenn sich alle daran halten würden, könnte man in Friede und Freude den ganzen Tag Eierkuchen essen. Tja. Leider gibt's in der Realität sehr selten Eierkuchen.

Harmonie vs. Fake-Harmonie

Echte Harmonie kann nur entstehen in einer Gemeinschaft mit gleichem Wertesystem. Und mit dem gleichen Wertesystem meine ich nicht die demokratische Grundordnung und eine umfangreiche Sammlung von Gesetzen, die dafür sorgen, dass man nach § 187 des Strafgesetzbuchs niemanden verleumdet oder nach § 6 der Strandsatzung der Gemeinde Seebad Loddin auf Usedom seinen Strandkorb nur am zugewiesenen Stellplatz aufstellt.

Ich meine die kleinen Werte, die ungeschriebenen Gesetze, die das Zusammenleben zu einem Vergnügen oder einem Desaster werden lassen. Überall da, wo unterschiedliche Werte aufeinandertreffen, wird es ungemütlich – und echte Harmonie ist nicht möglich. Wenn jemand es für angemessen hält, den öffentlichen Parkplatz vor dem eigenen Grundstück mit einem Verkehrshütchen für sich zu reklamieren, wird er wohl nicht oft zu den Nachbarn eingeladen. Wenn jemand glaubt, er könne andere ständig belehren, selbst aber jede Kritik aggressiv von sich weist, wird es auch schwierig. Wenn jemand Monogamie nicht für die Voraussetzung einer Ehe hält, kommt er für die meisten Menschen als Ehepartner nicht in Frage. Wäre man mit jemandem zusammen, der Fremdgehen für normal erachtet, würde man tagein und tagaus leiden – es sei denn, man würde eine offene Ehe selbst für die beste aller Beziehungen halten.

Harmonie entsteht nur in einem Gleichklang, in einem ausgewogenen, ausgeglichenen Verhältnis. Sie entsteht nicht, indem sich einer in Schräglage begibt und seine Interessen verrät. *Das ist dann nicht Harmonie, sondern Selbstbetrug.*

Oder anders gesagt: Fake-Harmonie. Wenn Anja die Schwiegermutter nicht zurechtgewiesen hätte, würde vielleicht die Geburtstagsfeier ihrer Schwägerin störungsfrei verlaufen, aber Anja würde sich insgeheim die ganze Zeit über die Schwiegermutter ärgern. Die angebliche Harmonie ginge zu Anjas Lasten. Wenn Leute sagen, sie seien harmoniebedürftig, steckt oft nichts anderes als Konfliktscheu dahinter – und die Angst, auf Ablehnung zu stoßen. Wenn man aber aus Konfliktscheu die eigenen Bedürfnisse konsequent unterordnet, kann sich niemals echte Harmonie einstellen.

Sie sehen, die ganze Sache mit der Harmonie ist unglaublich kompliziert – andererseits auch ganz simpel. In dem Moment nämlich, in dem man Harmonie für überbewertet erklärt und nicht mehr versucht, ihr hinterherzujagen.

Einfach mal so tun, als wäre Harmonie nicht so wichtig

Harmonie kann man sich vorstellen wie Wippen. Das macht am meisten Spaß mit jemandem, der gleich groß und gleich schwer ist wie man selbst. Das gleichmäßige Auf und Ab funktioniert auch noch mit jemandem, der ungefähr das gleiche Gewicht hat. Bei Leuten, die kleiner und leichter sind, kann man zwar so tun, als mache es Spaß, aber es ist richtig anstrengend. Und gar nicht funktioniert Wippen mit jemandem, der doppelt so schwer ist und sich am besten auch noch zurücklehnt. Da kann man noch so strampeln, man bleibt in der Luft hängen.

Genauso ist das mit der Harmonie. Wenn der andere nicht mitzieht oder ein komplett anderes Wertesystem hat, kann man sie vergessen. Mit anderen Worten: Entweder es passt oder es passt nicht. Und wenn es nicht passt, dann kann man auch nichts machen. Die Quadratur des Kreises. Und dann sollte man es auch einfach lassen und nicht krampfhaft der Idee hinterherrennen, doch noch ein gutes, ausgewogenes Verhältnis herzustellen. Ich meine, wenn man eingesehen hat, dass man nie mehr in Kleidergröße 40 reinpassen wird, wieso sollte man sich dann damit quälen, es weiter zu versuchen?

Wenn man sich bei jemandem einschleimen muss, um gemocht zu werden, ist die Freundschaft nichts wert. Wenn man immer nur Rücksicht auf die Rücksichtslosigkeit anderer nehmen muss, um keinen Streit zu kriegen, ist der Frieden nichts wert. Wenn Harmonie nur zustande kommt, weil man die Klappe hält, ist auch sie nichts wert.

Natürlich soll das nicht heißen, dass man in jeden Konflikt reingehen sollte – um Gottes Willen. Es ist völlig in Ordnung, Dinge, die einem auf die Nerven gehen, nicht anzusprechen, wenn der Stress, den das mit sich bringt, größer ist als der, den man so hat. Das Geheimnis des gelungenen Zusammenlebens beruht ja häufig genau darauf, dass man zurücksteckt. Welche Kämpfe man ausfechten will und welche man lassen möchte, sollte man sich gut überlegen.

Der Nachbar mit seinem Verkehrshütchen kann mir egal sein, solange ich in meiner Einfahrt parken kann. Natürlich denke ich mir meinen Teil über das Verhalten und käme auch nie auf die Idee, näheren Kontakt zu suchen. Aber ich brauche doch kein harmonisches Verhältnis herzustellen, um mich gut zu fühlen.

Ich persönlich habe einen neuen Fahrplan für die Harmonie: Ich tue so, als ob mir die Harmonie exakt genauso wichtig ist wie den anderen. Keinen Deut mehr. Wo ich vorher noch beflissen mit der Klaviernachbarin ein Gespräch angezettelt habe über das Wetter, um zu beweisen, dass wir uns doch gut verstehen, lasse ich es jetzt. Wenn sie mir ein Gespräch andreht, dann bin ich gerne zum Plausch bereit. Aber sonst? Nö.

Wenn einer aus dem Steuerberaterbüro in der Etage unter unserer Redaktion wieder so tut, als hätte er mich nicht gesehen, schleudere ich keine fröhliche Begrüßung durchs Treppenhaus.

Mir geht es jedenfalls viel besser, seit ich so tue, als sei Harmonie gar nicht so wichtig. Natürlich habe ich es am liebsten friedlich und harmonisch. Aber wenn das nicht funktioniert, bin ich auch damit zufrieden, wenn man sich nicht auf die Nerven geht. Dann ist die Stimmung halt mal nicht gut. Dann gibt es eben Leute, mit denen man sich nicht versteht. Zwischen »sich nicht verstehen« und »sich gegenseitig bekriegen« ist zum Glück ein himmelweiter Unterschied.

Nach der Geburtstagsfeier von ihrer Schwägerin rief Anja mich übrigens an. Sie war ganz glücklich. Denn ihre Schwiegermutter hat sich ihren Ärger nicht anmerken lassen, meinte sie. »Im Gegenteil. Sie hat sich richtig bemüht, nett zu sein.«

Da sieht man es mal: Wenn man es darauf ankommen lässt, überrascht einen so mancher Zeitgenosse doch mit mehr Harmoniebedürftigkeit, als man geahnt hätte.

Während mit Harmonie ja etwas Dauerhaftes gemeint ist, ist Stimmung etwas Flüchtiges. Sie kann auch zwischen Menschen, die sonst harmonisch miteinander leben, mal schlecht sein. Und das entpuppt sich für viele Frauen auch als Herausforderung. Weil selbst Missstimmungen vorübergehender Natur für sie manchmal unerträglich sind und sie zu seltsamen Verhaltensweisen verleiten. Dabei könnte man auch …

Einfach mal so tun, als wäre man nicht für die Stimmung verantwortlich

Familienfeiern wie Goldene Hochzeiten oder Weihnachten sind Klassiker unter den Stimmungskillern. Mutter hat den ganzen Tag in der Küche geschuftet, die Kinder quengeln seit Sonnenaufgang, dass endlich die Geschenkeberge abgetragen werden können. Vater versucht, sich zu entspannen, verzweifelt aber am Zusammenbau des Playmobil-Piratenschiffs, Mutter kann es nicht lassen, ihm vorzuhalten, er hätte ja nicht auf sie gehört, dass sie Playmobil nur gebraucht und damit aufgebaut kaufen sollen, die Stimmung schmilzt schneller dahin als die Gletscher in den Alpen, Auftritt der Verwandtschaft. Jeder hat irgendeinen Pups quersitzen. Die junge Generation übt sich konsequent in Antihaltung und zeigt sich nur aufgeschlossen digitalen Geräten gegenüber, Tante Gerti spricht nicht mehr mit Neffe Karl, seit er ihr mal eine Flasche Eierlikör zum Geburtstag geschenkt hat mit den Worten: »Hier, beschwipst bist du wenigstens erträglich.« Oma Frieda ist beleidigt, weil sie sich generell vernachlässigt vorkommt, und Onkel Johann ist sowieso das ganze Jahr über griesgrämig, da denkt er doch im Traum nicht dran, das zu ändern, nur, weil dieses verdammte Fest der Liebe ansteht. Grausam genug für die Gastgeberin, denn sie fühlt sich nicht nur genötigt, alle zu verköstigen, sondern auch noch zu unterhalten. Wie eine Profianimateurin kämpft sie für die gute Laune. Ob an Weihnachten, auf Geburtstagsfeiern, Taufen oder anderen Anlässen für Geselligkeit.

Je trübsinniger die Stimmung, desto mehr drehe ich jedenfalls bei solchen Gelegenheiten auf. Lache gackernd und verteile Komplimente, bringe Themen auf, die alle interessieren müssten, in der Hoffnung, endlich ein Gespräch in Gang zu bringen, lege Musik auf, bringe mehr zu essen, hole Schnapsgläser und setze auf die stimmungslösenden Elixiere aus der Hausbar, zünde schnell noch ein Dutzend Kerzen an für die lauschige Atmosphäre, animiere die Kinder, die wegen des hakenden WLANs nichts mit sich anzufangen wissen, zu MauMau und Versteckspielen und schleppe Stifte und Papier an, damit sie malen oder *Stadt, Land, Vollpfosten* spielen können, und schöpfe nur schnell mal Atem, wenn ich neuen Kaffee aufsetzen gehe und mich frage, ob ich nicht zu meinem nächsten Geburtstag abtauchen sollte.

Wenn wir bei der alten Tante im Ort sind und auch noch ihre Schwester anrückt und die beiden sich ab einem gewissen Punkt angiften, weil die eine glaubt, die andere hätte sie 1985 übervorteilt (ich glaube, es ging um eine Stehlampe mit silbernen Troddeln), dann fühle ich mich unwohl und überlege, wie ich zwischen den beiden vermitteln kann. Missstimmungen sind mir ein Graus. Wenn der Elternabend in der Schule auf einmal atmosphärisch ausfranst, weil manche glauben, ihre Kinder würden benachteiligt, finde ich mich auch unversehens in der Rolle der Vermittlerin wieder. Leider ist diese Rolle sehr undankbar. Denn man verbraucht jede Menge Energie, wenn man versucht, die Laune anderer Leute zu heben.

Neulich war ich in der Stadt. Ich hatte gerade ein tolles Top zum Schnäppchenpreis gefunden, ich hatte mein Buch bei Thalia auf einem der vorderen Tische gesehen, die Sonne strahlte – kurzum: Ich hatte blendende Laune. Dann traf ich eine Bekannte, wir mussten in dieselbe Richtung und gingen ein Stück zusammen.

Auf dem Weg erzählte sie mir, dass sie einen neuen Job bekommen hätte. »Oh, wie schön«, rief ich begeistert, weil mir einfiel, wie unzufrieden sie in ihrem alten Job gewesen war, als wir uns das letzte Mal getroffen haben. »Gratuliere.«

»Ja«, schnaubte sie patzig. »Und jetzt habe ich das Problem mit dem Hinfahren. Da ist ja so ein Verkehr auf der Rheinuferstraße! Immer nur Stau.«

»Fahr mit der Bahn«, schlug ich vor.

»Ich fahr doch nicht mit der Bahn. Mit all diesen Leuten, die nur miese Laune haben.«

Ich stutzte einen Moment. Dann sagte ich: »Die Leute können dir doch egal sein. Du kannst einfach lesen und dich entspannen.«

»Doch nur, wenn man einen Sitzplatz kriegt. Aber die Bahnen sind sowieso immer alle überfüllt. Wirklich, die Stadt Köln ist so bescheuert, dass die das nicht in den Griff bekommt.«

»Hm. Dann vielleicht mit dem Fahrrad. Oder mit einem E-Bike. Die sind praktisch.«

»Ja, stimmt. Aber die werden so schnell geklaut.«

»Kannst du das Rad nicht auf den Firmenhof stellen?«

»Keine Ahnung. Ich glaub nicht. Außerdem weiß ich dann nicht, ob ich mit Helm fahren soll, wegen der Frisur. Außerdem schwitzt man so oder so oder man wird nass. Nee, echt, nur Probleme.«

»Guck doch mal, wie schön das Wetter ist«, sagte ich verzweifelt. Als wir uns verabschiedeten, war ich ganz erschöpft. In dem Versuch, sie aufzumuntern, hatte ich ihr sehr viel von meiner positiven Energie geschenkt, die mir jetzt fehlte. Die Begegnung hatte mich richtig runtergezogen.

Ich bin ein positiver Mensch, der immer versucht, das Gute zu sehen und das Beste draus zu machen. Und ich bin froh, dass ich das hinkriege, bei allem, was so los ist. Und ich muntere gerne meine Familie auf. Ich bin für Freunde da, wenn sie Unterstützung brauchen. Aber ich bin nicht bereit, meine positive Energie für irgendwelche Leute zu opfern, die alles nur negativ sehen, die mir mit ihrem Gejammer und Gemecker auf die Nerven gehen. Ich tendiere dazu, ihnen das Glas wieder voll schenken zu wollen, wenn sie denken, es wäre halb leer. Aber das geht auf meine Kosten und ich habe festgestellt, dass ich keine Lust mehr habe, Missstimmungen auszugleichen. Manchmal will ich einfach nicht so tun, als wäre alles in Ordnung.

Neulich hatten wir ein Treffen mit Kollegen, da wurde unheimlich viel gelästert und gemotzt, bis ich irgendwann genug hatte davon. Ich sagte: »Leute, mir ist hier zu viel negative Energie. Entweder wir reden über das, was gut läuft oder darüber, wie wir was besser machen können, oder ich fahr jetzt.«

Es war mir egal, ob die mich für eine beknackte Esoterikerin halten oder nicht. Ich möchte mir nicht mehr mit den negativen Schwingungen von andern Energie abzapfen lassen. Dafür ist mir die Harmonie mit mir selbst viel zu wichtig.

Und was die Stimmung auf Feiern angeht: Als Gastgeberin mag man für alles Mögliche verantwortlich sein, Essen, Getränke, Servietten, Sitzgelegenheiten, Toilettenpapier auf dem Gäste-WC, meinetwegen auch für das Aufhängen der Garderobe. Aber ob die Gäste sich gut unterhalten oder nicht, liegt nicht in der eigenen Macht. Man kann nur die Rahmenbedingungen stellen, für den Rest müssen die Gäste schon selbst sorgen. Klar, ist es schön, wenn die Gastgeberin selbst gut gelaunt ist und nicht vor sich hin muffelt. Natürlich solle man auch vermeiden, den Zwist mit dem Ehemann vor versammeltem Publikum auszutragen, das könnte der Atmosphäre eventuell abträglich sein. Aber ob und wie gut die Leute sich unterhalten, das kann man nun mal nicht beeinflussen. Okay, man kann Schokotorte servieren. Man sagt dunkler Schokolade ja nach, dass sie die Serotoninbildung anregt und damit gute Laune macht. Aber Schokotorte ist sowieso immer eine gute Idee. Es gibt noch mehr Theorien, wer für die gute Stimmung verantwortlich ist. Das Wetter zum Beispiel. Die Farbe der Wand auch, Musik natürlich. Ich habe auch mal was gelesen, dass Darmbakterien die Stimmung beeinflussen. Na, sehen Sie. Sollen die das also übernehmen. Dann bin ich aus der Nummer fein raus.

Eigene Bedürfnisse

Gutes Faken, schlechtes Faken

So nützlich Faken sein kann, wenn man über seine Selbstzweifel, seine Angst vor Konflikten oder seine Bitterkeit über eigene Fehler hinwegtäuschen möchte, so schädlich kann Faken an der falschen Stelle sein. Wenn wir uns selbst übers Ohr hauen, indem wir jemand zu sein vorgeben, der wir nicht sind. Wenn wir eine Rolle spielen und uns als wahnsinnig perfekt präsentieren, während wir innerlich verkümmern.

Ich meine, natürlich ist Perfektionismus eine gute Sache. Zumindest, wenn es um die Sicherheit eines Atomkraftwerks oder die Aufmerksamkeit eines Fluglotsen geht.

Für normale Menschen dagegen ist Perfektionismus ein grausamer Despot. Wer alles richtigmachen (und es am liebsten auch allen rechtmachen) möchte, begibt sich in eine Spirale, die über Stress und Erschöpfung schnurstracks ins Verderben führt. Denn anstatt auf seine eigenen Bedürfnisse zu achten, ackert man nicht nur wie eine Verrückte, sondern macht sich auch noch fertig für jeden Fehler und jedes Versäumnis und jedes suboptimale Ergebnis. Dann ist man nicht mehr in der Lage, das Positive zu sehen. Dann kann man nicht entspannen, bevor man nicht alles erledigt hat. Perfektionismus ist gelebte Selbstschädigung. Oder um es mal klar auszudrücken: Perfektionismus ist ein Arschloch.

Das Blöde ist, dass sich Perfektionismus ja selten auf eine Sache beschränkt, sondern so eine Art Gesamtkonzept ist. Ob Haushalt, Essenszubereitung, Arbeit, die Beziehung zu Mitmenschen, von denen man niemanden enttäuschen will – die Liste ist endlos. Und dabei verraten wir uns selbst und merken es oft nicht mal. Vom Perfektionismus ist es nicht weit zum Selbstbetrug. Und das kommt häufig vor. Besonders in familiären Situationen, in denen Frauen die gute Ehefrau, die gute Tochter und die beste Mutter der Welt sein wollen, die alles im Griff hat und noch schnell der Familie ihr Lieblingsessen kocht und die Schwiegermutter zurückruft und für den Abschied der Lehrerin noch ein Fotobuch bastelt und der alten Tante den Rasen mäht und das Kind durch die Gegend kutschiert, obwohl ihr eigentlich danach ist, allen ein »Ihr könnt mich mal« entgegenzuschleudern, sich aufs Sofa zu hauen, ein Bier zu trinken und stumpf *Shopping-Queen* zu gucken. Das Problem dabei ist, dass wir oft gar nicht mehr merken, wie sehr wir uns was vormachen. Wir sind so verstrickt in den Verpflichtungen des Alltags, die wir mit den eigenen überzogenen Ansprüchen an uns selbst gedüngt haben, dass sie wie ein Schlingpflanzenteppich unser Ich überwuchert haben. In diesem undurchdringlichen Dickicht noch die eigenen Bedürfnisse erkennen zu können, ist gar nicht so einfach.

Was fühle ich eigentlich?

Bevor man weiß, was man will, muss man wissen, was man fühlt. Wie es einem wirklich geht. Das ist gar nicht so einfach herauszufinden. Wenn man über Jahre gewohnt war, sein Bauchgefühl mit rationalen Argumenten zu überdecken, wenn man vor lauter Pflichten manchmal gar nicht mehr weiß, wo einem der Kopf steht, muss man erst wieder lernen, seine Gefühle wahrzunehmen.

Was empfinde ich eigentlich wirklich? Finde ich die Idee nur gut oder will ich sie auch aktiv unterstützen? Habe ich wirklich Lust (Kapazitäten/Energie) dazu oder willige ich reflexhaft ein, etwas zu machen? Bei mir ist das jedenfalls oft so. Ohne über meine wirklichen Gefühle klar geworden zu sein, sage ich reflexhaft ja, wenn mein Sohn fragt, ob ich ihn zu einem Freund fahren kann. Ich finde gut, wenn er mit Klassenkameraden spielt. Soziale Aktivitäten unterstütze ich – auch wenn es eigentlich nicht in meinen Zeitplan passt. Aber ich mache ihn eben passend. Die geschäftlichen E-Mails schreibe ich jetzt, dann könnte ich ihn auf dem Weg zum Supermarkt hinbringen, und nachher kürze ich meine Walkingrunde etwas ab, um ihn abzuholen.

Man ist schon so lange in der roten Überlastungszone, dass man gar nicht mehr merkt, wann es zu viel wird. Man hat schon so oft »ja« gesagt, dass man verlernt hat, erst einmal in sich hineinzuhorchen, wie man tatsächlich zu einer Bitte/Forderung/Anfrage steht. Das Stimmchen in einem drin, das leise »nein, ich schaffe das nicht« kräht, geht einfach im Rauschen des Alltags unter. Aber – darauf kann man sich verlassen – es meldet sich später wieder. Denn es ist zwar leise, aber hartnäckig. Und irgendwann verschafft es sich Gehör. Spätestens dann, wenn man vor Erschöpfung heulend im Bett liegt. Oder mit Hörsturz/Magenbeschwerden/Bluthochdruck beim Arzt aufschlägt. Aber soweit muss man es ja nicht kommen lassen.

Bei sozialen Verpflichtungen oder Terminen ist es hilfreich, sich die Frage ehrlich zu beantworten: Für wen mache ich das hier eigentlich? Mache ich das, weil es mir Spaß macht, mich bereichert, mir viel gibt? Gehe ich zufrieden nach Hause? Wenn man diese Fragen positiv beantworten kann, dann ist die Unternehmung eine Art Einzahlung auf das eigene Energiekonto.

Wenn ich aber etwas eigentlich nicht für mich und meine Bedürfnisse mache, sondern, um andere zufriedenzustellen, sieht das schon ganz anders aus. Um das herauszufinden, sollte man sich fragen: Mache ich es, um anderen gefallen zu wollen? Bin ich so, wie ich (wirklich drauf) bin, oder spiele ich eine Rolle? Die Rolle des angenehmen Gesprächspartners, der sprüht vor Witz und Geistesreichtum, der in einer Tour Smalltalk macht. Bin ich gestresst, erschöpft und ausgelaugt, wenn ich heimkomme? Wenn man das bejaht, dann ist es eine Abbuchung auf dem Energiekonto.

Mit seinem Energiekonto muss man pfleglich umgehen. Wenn es prall gefüllt ist, kann man eher mal etwas für andere machen. Wenn man sich aber sowieso schon ausgepowert fühlt, muss man mit dem letzten Rest Energie sehr gut haushalten.

Manchmal findet man erst mit Verspätung heraus, was man wirklich fühlt. Ich nenne das …

Jet-Lag-Feelings – Oder: Gefühle mit Verspätung

Ich bin in manchen Dingen superschnell. Ich kann mich im Schwimmbad blitzartig umziehen. Neue Ideen sind bei mir in Windeseile aufgeschrieben, Exposés flink erarbeitet. Aber bei anderen Gelegenheiten brauche ich einfach etwas länger. Herauszufinden, wie ich etwas wirklich finde, gehört dazu.

Wenn die Chefin mir wie selbstverständlich einen unliebsamen Job aufs Auge gedrückt hat, dann denke ich in dem Moment zunächst: Sie weiß, dass ich das zuverlässig erledige. Erst nachher wird mir klar, dass sie *mir* mit dem Job kommt, weil sie überzeugt ist, dass von mir kein Widerstand zu erwarten ist. Wenn ich mit meinem Schwiegervater telefoniere und er kryptische Sätze brabbelt wie »Na ja, bei euch läuft das ja alles sowieso ein bisschen anders«, dann denke ich erst, er hat es positiv gemeint, dass es bei uns am Wochenende keine festen Essenszeiten gibt. Aber hinterher wird mir klar, dass ich überhaupt nicht weiß, was er damit sagen wollte. Und ich beunruhigt/genervt bin, beziehungsweise mich angegriffen fühle.

Etwas, was einem in dem Moment, als es passierte, klar und logisch oder unerheblich erschien, kommt einem auf einmal fragwürdig und zweifelhaft vor – und man stellt fest, dass sich ein innerer Widerstand formt. Die wahren Gefühle kommen mit Verspätung zum Vorschein. Ich nenne sie: Jet-Lag-Feelings.

Es gibt haufenweise Beispiele für Jet-Lag-Feelings. Die Kollegin hat den Brückentag für sich als Urlaubstag reklamiert, und eigentlich klang es logisch, warum sie den unbedingt brauchte. Aber im Nachhinein stellt man fest, dass man sich überrumpelt fühlt und die Art und Weise, wie sie ihren Anspruch formuliert hat, ziemlich dreist findet. Und dass man den Brückentag eigentlich auch gerne gehabt hätte.

Jet-Lag-Feelings können auch Vorteile haben, wenn es einen davor bewahrt, direkt loszupoltern und in seiner Wut jemanden vor den Kopf zu stoßen. Der Nachteil ist aber, dass man eine Entscheidung getroffen hat, die man jetzt bereut. Und von der man glaubt, dass man sie nicht mehr rückgängig machen kann. Schließlich hatte man ja schon eingewilligt – jetzt einen Rückzieher zu machen oder im Nachhinein das Gespräch auf ein Thema zu bringen, erscheint unpassend.

Schon an dem Morgen merke ich beim Blick in den Terminkalender das Unwohlsein. Ach ja, heute ist ja ein Elterntreffen. Unruhe überfällt mich, ein innerer Druck baut sich auf. Mit anderen Worten: Stress. Die Waschmaschine ist gerade kaputtgegangen, das Fahrrad der Tochter muss noch aus der Werkstatt abgeholt werden, das Treffen passt mir gar nicht. Ich würde lieber heute Abend die Füße hochlegen und eine Folge *Peaky Blinders* gucken. Aber mein Pflichtgefühl ist lauter als das kleine Stimmchen, das *Peaky Blinders* fordert. Wenn du jetzt absagst, lässt du die anderen richtig hängen. Du denkst doch von dir selbst, dass du zuverlässig bist. Oder willst du ab jetzt zu den unzuverlässigen Leuten gehören? Außerdem erfährst du bestimmt interessante Sachen, also geh hin. Und so setzt man sich unter Druck, bis man aufbricht. Weil man sich nicht traut, seinen wahren Gefühlen nachzugeben – und schon gar nicht im Nachhinein.

Dabei gibt es kein Gesetz der Welt, das ein bestimmtes Zeitfenster zum Lösen von Problemen vorgibt. Im Gegenteil. Manchmal gilt einfach die Regel: Besser spät als nie.

Es gibt Frauen, die auf die unangenehme Berührung eines Kollegen sofort »Pfoten weg!« schreien. Oder ihm knallhart sagen: »Lass das, ich mag das nicht.«

Ich bewundere diese Frauen und beneide sie auch. Bei mir ist es so, dass ich zwar auch merke, dass ich es nicht mag. Aber in der Situation nicht reagieren kann. Dann kommt die Phase, wo man es abtut mit Beschwichtigungen wie: War doch nicht so schlimm. Aber am nächsten Tag im Büro merkt man, dass man versucht, Abstand von ihm zu halten, damit das nicht wieder vorkommt. Dass es einem doch was ausmacht. Und dann weiß man nicht, was man machen soll.

Es ist ein Irrglaube zu denken, dass man nur in der Situation was sagen darf und später nicht mehr. Nein, wenn einen eine Sache gestört hat und man das erst im Nachhinein bemerkt, darf man das ruhig auch im Nachhinein ansprechen.

Der Chefin in einer ruhigen Minute sagen, dass man diesen Job beim nächsten Mal nicht mehr machen möchte, sondern dass er rotierend übernommen werden soll. Den Schwiegervater anrufen und fragen, wie er das mit der Bemerkung, die einem immer noch im Kopf rumspukt, gemeint hat. Den Kollegen beiseitenehmen und ihm sagen, dass er sowas nicht machen soll. Aber das kann nur gelingen, wenn man sich darüber klargeworden ist, was man fühlt und was man eigentlich will.

Was will ich eigentlich?

Wir fragen eine Mutter (zum Beispiel mich) an einem Samstagmorgen, was sie heute machen möchte. Die Frage scheint simpel. Doch für Mütter ist sie ungefähr so schwer zu beantworten wie die Frage nach der Entstehung der schwarzen Löcher. Probieren wir es doch mal aus.

»Was möchtest du heute machen?«

Also, Merle muss noch diese Bastel-Hausaufgabe machen, da muss ich Filzreste und Knöpfe raussuchen. Finn hat sich mit Leon verabredet, da würde ich ihn nach dem Fußballspiel hinfahren. Die Primeln wollte ich einpflanzen, das Wetter passt heute dafür. Dann hatte meine Kusine angerufen, die braucht irgendwas, den Anruf habe ich schon die ganze Zeit vor mir hergeschoben. Ja, und die Betten muss ich auch beziehen.

»Seufz. Okay, nochmal von vorne. Was möchtest du heute machen?«

Ich? Na ja. Mal überlegen. Eigentlich würde ich ja gerne ins Schwimmbad gehen, aber dann sind die Kinder so enttäuscht, wenn sie nicht mitdürfen. Das kann ich ihnen nicht antun. Aber mit den Kindern ist es so anstrengend, weil sie sich die halbe Zeit streiten, und meine Bahnen schwimmen kann ich sowieso nicht. Ich würde mich auch gerne mit einem Buch ins Wohnzimmer setzen, aber da habe ich sowieso keine richtige Ruhe, weil ich dann dauernd sehe, was geputzt werden müsste. Und mein Mann will sicher nachher *Sportschau* gucken.

»Schon etwas besser, aber immer noch nicht richtig. Also. Ich formuliere es mal anders: Was würdest du heute machen, wenn du dich um niemand anderen scheren müsstest?«

Staunen. Die Augen weiten sich. Was für ein ungehöriger Gedanke! *Ich könnte etwas unternehmen, ohne mich um die Wünsche der anderen zu kümmern????*

Doch dann wird einem klar: Ja, natürlich könnte ich das. Ich bin hier nicht gefesselt. Ich bin nicht in Geiselhaft. Es stirbt niemand oder kommt sonst wie zu Schaden, wenn ich mal nicht da bin. Das Haus brennt nicht ab, das Dach bricht nicht ein. Ich kann einfach aus der Tür rausspazieren und sagen, dass ich abends wieder da bin. Und in dem Moment blättern sich so viele Möglichkeiten der Freizeitgestaltung auf, dass man gar nicht weiß, was man davon am liebsten machen möchte, weil man es doch so lange nicht gemacht hat. Massage, Bummeln, mit einer Freundin in Ruhe Kaffee trinken, Museum, Kino, Tanzen, ein Spaziergang, ohne dass dauernd einer fragt, wie lange noch…

Der Kopf schwirrt einem so, dass man erstmal die Wäsche sortiert, um einen klaren Kopf zu kriegen von dem ganzen Freizeitstress.

Als Mutter vergisst man über die Jahre total, was man eigentlich selbst mal wollte. Alles steht hinter den Wünschen und Bedürfnissen der anderen zurück: Der Mann arbeitet viel und wenn er am Wochenende da ist, muss man Rücksicht auf ihn nehmen. Dass man selbst die ganze Woche geschuftet hat, spielt nur eine nebensächliche Rolle. Die Kinder haben sowieso ihren eigenen Zeitplan, um den herum man seinen Tagesablauf strickt. Und dann sind da noch die ganzen anderen Leute, die was von einem wollen – vom Haushalt einmal abgesehen.

Man ist so wichtig als zentrale Organisatorin des Alltags, dass man ganz übersieht, dass man sich auch um die Erfüllung der eigenen Bedürfnisse kümmern muss. Denn das wird kein anderer tun.

Einfach mal so tun, als wären die eigenen Bedürfnisse am wichtigsten

Ich kenne haufenweise Männer, die überhaupt kein Problem damit haben zu verkünden, dass sie am Sonntag nicht da sind, weil sie mit Freunden kicken gehen, ins Büro müssen, Radfahren wollen oder sonst irgendwas. Sie zählen einfach darauf, dass die Frau schon da ist, um die Kinder zu versorgen. Dass Frauen einfach sagen, dass sie jetzt mal weg sind, ist eher die Ausnahme. Als Begründung dafür, dass sie zu Hause bleiben, nennen die Frauen die vielen Verpflichtungen rund um die Familie. Aber das ist meistens auch nur Fake. Denn in Wahrheit hindert sie nur eine Person am Durchsetzen der eigenen Bedürfnisse: Sie selbst.

Dabei helfen verschiedene Charaktereigenschaften tatkräftig mit. Da wären zum Beispiel:

Der bescheuerte Drang, es allen recht zu machen.

Die irrige Annahme, dass man unentbehrlich ist.

Die Sorge, dass alles im Chaos versinkt, weil für eine Zeit die eigenen Erziehungsregeln außer Kraft gesetzt sind und der Mann das Ruder übernimmt.

Das Unvermögen loszulassen.

Ich kenne das. Ich habe das alles auch. Aber der Punkt ist der: Niemand liebt einen weniger, wenn man sich mal eine Auszeit nimmt. Im Gegenteil: Es tut vielleicht allen sogar gut, wenn die Familie merkt, dass es nicht selbstverständlich ist, was die Mutter alles macht. Der Protest dagegen, dass man etwas alleine unternimmt, rührt doch eigentlich sowieso nur aus der bequemen Gewohnheit, dass Mama schon da ist und sich kümmert.

Allerdings muss man – und das ist für viele Frauen ein wunder Punkt – seinen inneren Widerstand dagegen aufgeben, dass der Mann in ihrer Abwesenheit seine eigenen Regeln aufstellt. Natürlich widerstrebt es einem, wenn er auf einmal erklärt, dass drei Stunden Fernsehen gucken in Ordnung ist. Oder wenn er, statt selbst zu kochen, die ganze Bande zum Schnellimbiss einlädt und es trotzdem noch schafft, die Küche zu verwüsten. Hier heißt die Devise: Augen zu und durch. Alle Vorbehalte loszulassen und zu gehen, weil man weiß, dass es in dem Moment Wichtigeres gibt: die eigenen Bedürfnisse.

Das Interessante ist auch hier, dass es viel weniger schwierig ist, als man vermutet hat. Die Familie mag im ersten Moment erstaunt sein, aber wenn man seine Wünsche klar und deutlich äußert und sie auch durchzieht, funktioniert die ganze Sache in den meisten Fällen wunderbar. Und dann wird einem erst klar, dass man sich selbst das größte Hindernis ist, wenn es darum geht, das zu machen, was man wirklich will.

Ich gehe nicht oft alleine ins Schwimmbad – weil ich mir egoistisch vorkomme, dass ich die Kinder nicht mitnehme. Aber immer, wenn ich es gemacht habe, hat es mir super gutgetan. Es ist wichtig, auch mal egoistisch zu sein. Und wenn sich das schlechte Gewissen meldet, kann man es ganz schnell beruhigen. Denn letzten Endes kommt die Energie, die man schöpft, wenn man sich um seine eigenen Bedürfnisse kümmert, wieder allen zugute. Weil man ausgeglichener ist. Weil man wieder mehr Kraft hat für das tägliche Chaos. Und deswegen ist es unentbehrlich, manchmal so zu tun, als gäbe es nichts Wichtigeres als die eigenen Bedürfnisse. Leider macht man das nicht. Leider hat man so beknackte Angewohnheiten wie zum Beispiel das …

Buffet-Syndrom

Die Frau meines Cousins heißt Isolde. Trotz ihres dramatischen Namens ist Isolde eine Frau, die mit beiden Beinen fest auf dem Boden steht. Ziemlich fest. Weil sie eben auch recht stabil ist, die Isolde. Isolde weiß, was sie will, und Isolde holt es sich. Davon kann man sich bei jeder Familienfeier überzeugen. Denn so sicher wie das Amen in der Kirche ist, dass Isolde als Erste das Buffet stürmt. Egal ob Taufe oder 70. Geburtstag oder Hochzeit. Der Trauzeuge hat seine Rede noch nicht beendet, da hat sie sich schon mit einem Teller bewaffnet und die Fühler nach dem Brot ausgestreckt. Sie bemüht sich gar nicht, sich unauffällig in Position zu bringen oder zu einem strategisch günstigen Moment Richtung Toilette zu spazieren, um dann bei der Buffeteröffnung zufällig zur rechten Zeit am rechten Ort zu sein. Nein. Isolde steht auf dem Startplatz und verbirgt ihre Gier nicht mal. Sie lächelt. So, als wäre alles normal. Manchmal kommentiert sie ihr Vorpreschen auch mit Bemerkungen wie »irgendeiner muss ja anfangen« und lacht fröhlich. Ich würde auch fröhlich lachen, wenn ich noch was von den gegrillten Garnelen im Serranoschinken-Mantel abbekommen würde. Aber ich halte mich ja vornehm zurück. Wie sich das gehört. Ich stelle mich erst dann an, wenn der Verdacht der Gier im allgemeinen Gedränge untergegangen ist und die Schlange bis zur Garderobe reicht. Meistens erreiche ich das Buffet genau in der Phase, wenn die Platten schon abgegrast, aber noch nicht so komplett abgefressen sind, dass sie ausgetauscht werden müssen. Wenn ich dann meinen Teller mit eingelegten Champignons und Tomaten-Mozzarella voll habe und froh bin, mir noch ein paar Fetzen Räucherlachs gesichert zu haben, werden dann die neuen Platten mit unberührten Köstlichkeiten ge-

bracht. Dann lächele ich und freue mich über meine Bescheidenheit, während ich mich vorbei an den ganzen verfressenen Arsch-
löchern mit den Delikatessen auf ihrem Teller zu meinem Platz
zurückschiebe.

Und dann ist ja nix mit: Die Letzten werden die Ersten sein. Der
Erste bleibt der Erste beim Buffet. Weil er seine Vorspeisenportion
längst verputzt hat, während die anderen sich noch um die letzten
Wachteleier-Kanapees kloppen, ist er auch der Erste bei Krustenbra-
ten und Lachsfilet. So einen Vorsprung kann ein normaler Mensch
niemals aufholen. Um Isolde vor dem Kartoffelgratin noch in den
Weg zu grätschen, müsste man schon fressen wie ein Tier. Und dann
ist es zwangsläufig irgendwann so, dass Isolde auch die jungfräuli-
chen Desserts unberührt und keusch vorfindet und den Löffel in
die glatte Sahneschicht stoßen kann. Wenn ich dann irgendwann
komme, ist von der Sahneverzierung nichts mehr da und in den
meisten Schalen ist der Löffel reingefallen und von oben bis unten
mit Mousse au Chocolat versaut.

»So ein tolles Buffet, wirklich. Von allem war genug da«, schwärmt
dann Isolde gerne beim Nachhause gehen.

»Wie unverschämt von ihr, sich noch nicht mal schlecht zu fühlen«, sage ich im Auto zu meinem Mann und erwarte, dass er mir
bestätigt, dass Isolde eine selbstsüchtige Kuh ist.

»Wieso sollte sie auch?«, sagt mein Mann achselzuckend.

»Weil sie sich mal wieder vorgedrängelt hat!«, rufe ich empört.
»Sie ist einfach total egoistisch!«

»Genau«, sagt mein Mann. »Und dieser Egoismus bewahrt sie
auch davor, sich schlecht zu fühlen.« Er seufzt und sagt: »Die einzige, die sich schlecht fühlt, bist du. Weil du dir mal wieder die Butter
vom Brot hast nehmen lassen.«

Die Welt ist so ungerecht! Da bin ich so toll bescheiden, aber wird es mir gedankt? Bekomme ich dafür einen Orden, dass ich mich zurückgehalten habe? Bin ich beliebter gar als Isolde? Habe ich mich dafür besser unterhalten und mehr gelacht? Nicht die Bohne! Ich mag vielleicht den einen oder anderen Karmapunkt gesammelt haben, aber leider gibt es keine Stelle, wo ich die paybackmäßig einlösen und mir davon einen neuen Lidschatten gönnen kann.

Bescheidenheit ist eine Zier, aber besser lebt man ohne ihr.

Einfach mal so tun, als hätte man es verdient

Und weil wir gerade beim Thema Essen sind, erzähle ich noch eine Geschichte, die so typisch ist für mich.

Vom Wochenende war ein Stück Mandarinen-Schmand-Kuchen übrig, das mich beim Blick in den Kühlschrank verführerisch anlachte. Der würde jetzt genau richtig kommen – mit einem Kaffee dazu. Ich wollte schon zugreifen, als ich plötzlich zögerte. Ich konnte doch nicht wirklich das letzte Stück Kuchen essen! Vielleicht wollte eines der Kinder es haben. Und mein Mann mag den Kuchen auch so gerne, vielleicht würde er ihn als Nachtisch heute Abend essen mögen. Also trank ich meinen Kaffee in Begleitung eines bröseligen Butterkekses, während ich von Mandarinen-Schmand-Kuchen träumte. Der einzige süße Trost war mein reines Gewissen und die Befriedigung über meine selbstlose Rücksichtnahme. Dann kam meine Tochter nach Hause. Ich fragte sie, ob sie den Kuchen essen wollte. Aber sie gestand, dass sie in der Schule schon zwei Geburtstagsmuffins gegessen hatte. »Ach, ist doch egal«, sagte ich und setzte mich großzügig über die von mir aufgestellte Süßigkeiten-Kontingent-Regel hinweg. »Du darfst ruhig noch was Süßes.«

»Super«, sagte meine Tochter. »Dann hätte ich gerne ein Eis.«

Mein herzerwärmendes Plädoyer über den wunderbaren Geschmack des Kuchens ließ auch meinen Sohn kalt, der kurz darauf von der Schule kam und sich in sein Zimmer zurückzog. Ich schaute betrübt auf den Kuchen, der weiter im Kühlschrank residierte. Meine Hoffnung ruhte jetzt auf meinem Mann, dass er sich am Abend mit Freude über den Kuchen hermachen würde, auf den ich in meinem Edelmut verzichtet hatte. Als ich ihm nach dem Abendessen das Stück anpries, schüttelte er nur kurz den Kopf. »Warum nicht?«, fragte ich enttäuscht.

»Wie warum nicht?«, gab er zurück. »Ich muss mich doch wohl nicht legitimieren, wenn ich keine Lust auf Kuchen habe.«

Ich verstand es ja. Mir war nach der Portion Spaghetti auch nicht danach. Also stand der Kuchen noch am nächsten Morgen im Kühlschrank. Leider hatte ich an diesem Tag keine Zeit für Kuchen. (Oh Gott, dieser Satz ist ja furchtbar. Und Sie werden sich mit Fug und Recht fragen: Keine Zeit für Kuchen – was stimmt mit der Frau nicht? Ich weiß es auch nicht. Kann mal bitte jemand einen Ratgeber schreiben, in dem man lernt, wie man IMMER Zeit für Kuchen hat?)

Am nächsten Tag dachte ich nicht mehr an den Kuchen, weil so viel los war. Was die Wahrscheinlichkeit nährt, dass niemand mehr an ihn gedacht hätte, wenn ich ihn einfach verputzt hätte. Jedenfalls, als ich ihn nach ein paar Tagen wiederentdeckte, hatte er einige unschöne gelbe harte Ränder und sah seltsam geschrumpft aus. Hätte ich ihn doch gegessen, als mir das Wasser im Mund zusammenlief!

»Ich musste den schönen Kuchen wegschmeißen«, beschwerte ich mich bei meinem Mann. »Nur, weil ihn keiner von euch gegessen hat.«

»Welchen Kuchen?«, fragte er verwirrt.

»Mandarinen-Schmand vom Wochenende. War viel zu schade, um ihn in die Tonne zu kloppen!«

Er starrte mich wieder mit diesem Was-willst-du-eigentlich-Blick an. »Und warum hast du ihn nicht gegessen?«

Gute Frage.

Weil ich nicht nur auf die Wünsche anderer Rücksicht nehme, die sie tatsächlich äußern, sondern auch auf die Wünsche, von denen ich nur *vermute*, dass sie sie vielleicht haben.

Seit dem unrühmlichen Ende des Mandarinen-Schmand-Kuchens mache ich kurzen Prozess mit letzten Wurstscheiben oder Käsestücken. Ich tue einfach so, als hätte ich es mir verdient. Als würde ich eine gute Tat begehen, weil ich das Essen vor der Tonne rette.

Und was mein Buffet-Syndrom angeht, steuere ich jetzt auch gegen meine selbst auferlegte Bescheidenheit an. Letztens habe ich mit Isolde ein Gespräch angefangen, als sie schon am Buffet in Stellung stand. Als der Startschuss fiel, preschte sie vor. Und als sie sagte: »Na los, schnapp dir einen Teller«, folgte ich in ihrem Kielwasser. Und siehe da: Niemand hat mich schief angeschaut. Keiner hat sich das Maul zerrissen über meine Gier. Nein. Ich hatte einen wirklich schönen Abend. Von Isolde lernen, heißt, siegen lernen.

Einfach mal so tun, als wäre das Leben einfach

Die Karibik ist überall

Mit dem Nachbarn fünf Häuser weiter zu reden, birgt gewisse Risiken. Denn egal, womit das Gespräch beginnt, am Ende schwärmt er wieder in schillerndsten Farben von seiner nächsten Prachtreise in die Karibik, wo das Wasser noch blauer ist, als man es von Postkarten kennt, wo die Schmetterlinge so groß sind wie Frühstücksteller und die Blumen duften, als kämen sie direkt aus der Parfümfabrikation. Und selbst wenn man einigermaßen immun ist gegen Neid, kommt einem der eigene Urlaub an der Costa Brava plötzlich mittelmäßig vor.

Sich mit anderen zu vergleichen, ist normal. Es kann sogar anspornend oder hilfreich sein. Zum Beispiel wenn man sich abgucken kann, wie andere Leute mit Kindererziehung oder Problemen im Familienkreis umgehen. Aber der Vergleich mit anderen kann sich auch negativ auswirken, wenn man sich dadurch einreden lässt, mit dem eigenen Leben stimme was nicht. Es sei nicht genug. *Man selbst* sei nicht gut genug.

Karin kriegt ihren Job als Ärztin und drei Kinder unter einen Hut, sie hat ein Riesenhaus mit Pool, wirkt mit ihrem Mann wie frisch verliebt und ihr passt auch mit 45 noch die Jeans aus dem Studium. Und jetzt?

Man wird nicht dicker davon, dass jemand anders dünner ist. Man hat auch nicht weniger Sex, nur weil jemand anders viel Sex hat (oder es zumindest behauptet).

Man ist nicht automatisch unglücklicher, weil jemand anders glücklich ist.

Warum fühlt es sich dann verdammt noch mal so an?

Weil man sich von Fassaden blenden lässt.

Und weil man diese Fassaden wie eine Blaupause zur Überprüfung des eigenen Lebens heranzieht. Nur, dass man bei seinem eigenen Leben eben hinter die Fassade guckt und all die Risse und Unebenheiten kennt. Weswegen das eigene Leben niemals mit einer Fassade mithalten kann. Der dänische Philosoph Kierkegaard brachte es auf den Punkt: »Das Vergleichen ist das Ende des Glücks und der Anfang der Unzufriedenheit.«

Sieht man jemanden, dessen Leben vermeintlich besser/schöner/luxuriöser/entspannter ist, schlussfolgert man daraus, dass derjenige auch glücklicher ist. Was in einem selbst sehr schnell ein Gefühl der Unzufriedenheit auslöst. Eine wirklich bescheuerte Methode, sich selbst das Leben schwer zu machen.

Natürlich ist das nicht leicht, sich davon freizusprechen. Bis zu einem gewissen Grad ist das Vergleichen sicher normal.

Manchmal bekomme ich angesichts der aufopfernden Umtriebe anderer Mütter das Gefühl, mehr mit meinen Kindern unternehmen zu müssen. Mit ihnen Kastanienmännchen basteln, Baumhäuser bauen, zelten gehen, Kajaktouren machen zu müssen, anstatt mit ihnen nur Stockbrot zu grillen und ab und zu ins Schwimmbad zu fahren. Ich würde auch gern meinen Garten besser betreiben, um ohne Ende Rote Bete, Bohnen und Gurken ernten zu können – so wie der Nachbar.

Bei anderen wecken materielle Besitztümer Begehrlichkeit und Neid – und das Gefühl von Minderwertigkeit, weil ihr Auto kleiner, das Haus gemietet und der Urlaub nur nach Kroatien führt. Aber auch ein Eigenheim und ein Urlaub auf Barbados sind keine Garantie auf Glück. Mit dem auf den ersten Blick makellosen Leben anderer ist es doch wie mit den Fotos von Prominenten: alle retuschiert, alles Fake. Auch Leute mit dicken Autos und Prachtgärten haben Probleme. Beyoncé, eine der schönsten und erfolgreichsten Frauen der Welt, ist der Mann fremdgegangen. Oprah Winfrey hat einen guten Teil ihres unglaublichen Vermögens ihrer Essstörung zu verdanken.

Jeder hat sein Päckchen zu tragen, da können die Leute noch so sehr ihren exklusiven, originellen, kreativen Lifestyle posten.

Deswegen sollte man sich überhaupt nicht verrückt machen lassen von dem, was andere angeblich haben oder sind. *Besser ist es, einfach mal so zu tun, als wäre es völlig egal, was andere machen oder haben.* Sich einfach auf das konzentrieren, was man selbst hat. Die Karibik kann überall sein, wenn man zufrieden ist.

Glück stellt keine Bedingungen

Frauen neigen dazu, ständig etwas verbessern zu wollen: Figur, Frisur, Fitness, Kleidungsstil, die Noten ihrer Kinder, Rhetorik, die Innendekoration ihrer Wohnung, die Schminktechnik, ihr Selbstbewusstsein, ihre Beziehung. Solange sie Verbesserungsbedarf sehen, kann sich natürlich keine Zufriedenheit einstellen. Das passiert erst, wenn das vermeintliche Optimum erreicht worden ist.

Das Problem dabei ist, dass es sich mit dem Drang, irgendwas zu verbessern, so verhält wie mit der Hausarbeit: Es gibt kein Ende. Wenn man seine Wohnung renoviert hat, was eigentlich das ultimative Ziel war, fällt einem auf, dass man den Garten umgestalten möchte. Wenn man endlich die Haare so lang hat wachsen lassen, wie man sich das vorgenommen hatte, kann es trotzdem sein, dass der Mann ihrer Träume nicht anruft – weswegen man den Schwung der Nase verbessern möchte. Oder die Form seiner Ohrläppchen. Es ist unheimlich leicht, unzufrieden zu sein, wo man von Optimierungsangeboten aller Art umzingelt ist. Wo ganze Industriezweige sich zum Ziel gesetzt haben, Begehrlichkeiten zu wecken. Wo Medien wunderbare Hochglanz-Lebensentwürfe präsentieren, die man sich zum Vorbild nimmt. So bleibt immer das Gefühl, ein Defizit ausgleichen zu müssen. Zufriedensein wird weiter auf später verschoben, wird an Konditionen und Verpflichtungen geknüpft, die es erst zu erfüllen gilt, bevor man dann aber wirklich zufrieden sein kann.

Aber das Glück stellt keine Bedingungen: Verdien ein paar 100 Euro mehr im Monat und du wirst glücklich sein. Nein, wirst du nicht, weil man dann auf einmal denkt, man bräuchte noch ein bisschen mehr, um sich das nächstgrößere Traumauto leisten zu können.

Nimm drei Kilo ab und du wirst glücklich sein. Nee, wirst du nicht, da hat man die drei Kilo abgenommen und immer noch Dellen am Oberschenkel, die einen am Glücklichsein hindern.

Und wenn es das nicht ist, dann ist es eben was anderes, das man als Beweis heranzieht, unmöglich zufrieden sein zu können.

Nur wer nichts verbessern möchte, kann glücklich sein.

Um sich dem Drang, ständig was zu verbessern zu entziehen, ist es hilfreich, eine positive Bilanz zu ziehen:

Man hat vielleicht nicht den aufregendsten Job der Welt, macht jeden Tag die gleichen Tabellen und Formulare, aber die Kollegen sind nett, das Büro ist hell und das Geld stimmt auch. Die Bilanz ist positiv. Wieso sollte man dann damit hadern und anfangen, sich in einen anderen Job zu sehnen, in der Hoffnung auf umfassende und vollständige Erfüllung? Nur, weil man Berichte von Leuten liest, die alles hinter sich gelassen haben und mit selbstgehäkelten Mützen oder einer Agentur für Heiratsanträge jetzt aber wirklich das ganz große Glück gefunden haben?

Nein, eine positive Bilanz ziehen und es gut sein lassen.

Die Fliesen im Wohnzimmer sollten schon längst ersetzt, die Treppe abgeschliffen, der Fassadensockel gestrichen worden sein? Ja. Kann sein. Dafür ist der neue Kamin so schön geworden, die Kinderzimmer sind umgeräumt und am liebsten sitzen sowieso alle in der gemütlichen Küche auf der uralten, holzwurmzerfressenen Bank.

Positive Bilanz.

Der Partner lässt seine Socken überall rumliegen, schaut ständig auf sein Smartphone und weiß weder, wie die Waschmaschine funktioniert noch in welchem Schrank das Geschenkpapier aufbewahrt wird? Er schwingt nicht das Tanzbein in einem Salsa-Kurs wie Karl mit Britta und er schreibt auch keine romantischen Liebeszettelchen wie Gerd für seine Monika?

Ist das manchmal schade? Klar. Ist das ein Grund, ihn ändern zu wollen? Nein.

Denn er bringt dich zum Lachen, wenn du überhaupt nicht damit rechnest, und du kannst besser schlafen, wenn er neben dir liegt, und wenn dir was Blödes passiert ist, wählst du atemlos seine Nummer und er beruhigt dich in wenigen Minuten, und wenn du ihn umarmst, bleibt für einen Moment die Zeit stehen.

Positive Bilanz.

Nur wer aufhört, ständig Dinge verbessern zu wollen, kann zufrieden sein.

Nur wer aufhört, *sich selbst* ständig verbessern zu wollen, kann sich entspannen.

Wer entspannter ist, kommt besser klar – mit anderen Leuten, mit Stress auf der Arbeit und auch besser mit sich selbst.

Natürlich sollte man sich verändern, wenn man leidet. Wenn die Bilanz negativ ausfällt. Aber bei den allermeisten Leuten läuft es doch gut. Und wenn man das nicht sieht, muss man einen Schritt zur Seite gehen. Sich mal anschauen, welche echten Probleme es auf der Welt gibt. Manchmal reicht das schon, um einen neuen Blickwinkel zu bekommen – und zu sehen, wie schön man es eigentlich hat. Die Perspektive entscheidet maßgeblich darüber, ob ein Bild gut ist oder schlecht.

Knöllchen bekommen, Stau gestanden, beim Interview eine wichtige Frage vergessen. In der Konferenz die Unsicherheit rausgeschleudert wie eine Rakete auf der Abschussrampe. Sinnlose Standpauke von Chefin bekommen. Joghurt in der vollen Einkaufstasche ausgelaufen. Leergut, das der Göttergatte hatte wegbringen sollen, steht immer noch da. Genau wie die Bastelsachen der Kinder. Spülmaschine muss ausgeräumt werden. Internet funktioniert nicht.

Natürlich könnte man sich über all das aufregen. Natürlich ist das kein Grund, vor Freude in die Luft zu springen. Aber mal ehrlich: Wenn das das Schlimmste ist, was einem in dieser Welt an diesem Tag passiert, dann ist es ein verdammt guter Tag. Und die allermeisten Tage sind verdammt gute Tage.

Und man sollte nicht darauf warten, einen wirklich schlechten Tag zu haben, um das erkennen zu können.

Und wenn es in einem Bereich gerade wirklich schwierig ist, man zum Beispiel Probleme mit den Eltern hat oder der Job am seidenen Faden hängt, dann sollte man auf das gucken, was gut läuft: Freundschaften, Kinder, das gemütliche Zuhause. Manchmal reicht auch, dass der Frangipani-Steckling, den man aus dem Urlaub mitgebracht hat, nach vier Jahren plötzlich blüht. Wenn man darauf wartet, dass man in allen Bereichen glücklich ist, wird man es nie. *Glück kommt nicht als All-inclusive-Paket.* Deswegen muss man auf das kleine Glück achten. Jedes Körnchen aufheben, dann hat man am Ende auch einen großen Klumpen, der golden glänzt.

Das Leben ist ein Butterkuchen

Ich sollte einen Kuchen für das Abschlussfest in der Grundschule backen. Ich hatte da so ein wunderbares Rezept für eine Himbeertorte gefunden, das machte richtig was her. Allerdings musste die gekühlt werden und war auch umständlich zu backen, jedenfalls hörte es sich so an. Ich meine, ich hatte sie noch nie gemacht und wusste daher nicht, ob sie mir gelingen würde. Aber – wer nicht wagt, der nicht gewinnt. Ich zerbrach mir den Kopf darüber, wie ich während der Feier mit den Reden und Vorführungen die Kühlung hinkriegen könnte. Kühltasche mitnehmen oder zwischendurch schnell noch nach Hause, um sie abzuholen, oder die Hausmeisterin fragen, ob ich den Kühlschrank der Schule benutzen könnte.

Ich fragte meinen Mann um Rat. Seine Stirn runzelte sich, er öffnete den Mund und in dem Moment fiel mir die Lösung des Problems ein, und wir sagten es gleichzeitig: »Butterkuchen!«

Nix mit Himbeer-Joghurt-Sahne-Gedönsrat. Butterkuchen. Hundertmal gebacken, hundertmal gelungen. Der verzeiht auch, wenn er eine Stunde in der Sonne steht. Wieso bin ich nicht gleich darauf gekommen?

Weil die perfektionistisch veranlagte Frau dazu neigt, sich das Leben schwer zu machen. Sobald wir aber anfangen, unsere Ansprüche runterzuschrauben, werden wir sehen, wie viel einfacher das Leben sein kann.

Man darf einen einfachen Kuchen backen. Man darf ihn auch in der Kühltheke kaufen, wenn man es selbst nicht schafft. Man darf seine Hausarbeit liegen lassen, wenn man sich in die Sonne setzen will. Man darf seinem Ärger Luft machen, wenn man möchte. Man darf sich auch mal streiten. Man darf (von den falschen Leuten) nicht gemocht werden und kann trotzdem glücklich sein (weil einen die richtigen sowieso mögen). Man darf mal kacke aussehen. Man darf ein paar Pfunde zu viel draufhaben. Man darf mal Unsinn reden. Niemand macht alles richtig. Wieso dann überhaupt anfangen, es versuchen zu wollen? Wenn wir aufhören, uns verbessern zu wollen, wenn wir unsere Defizite wohlwollend betrachten und endlich lernen, uns unsere Fehler zu verzeihen, dann brauchen wir auch nicht so zu tun, als ob das Leben einfach wäre. Dann ist das Leben einfach.